U0454460

武汉大学『大学精神与文化建设』丛书

珞珈记忆

——武汉大学校史资料图片选萃

（1893—1949）

◉ 主编　涂上飙

WUHAN UNIVERSITY PRESS
武汉大学出版社

图书在版编目(CIP)数据

珞珈记忆:武汉大学校史资料图片选萃:1893—1949/涂上飙主编.—武汉:武汉大学出版社,2025.1

武汉大学“大学精神与文化建设”丛书/楚龙强主编

ISBN 978-7-307-24068-1

Ⅰ.珞…　Ⅱ.涂…　Ⅲ.武汉大学—校史　Ⅳ.G649.286.31

中国国家版本馆 CIP 数据核字(2023)第 197132 号

责任编辑:陈　帆　　　责任校对:李孟潇　　　整体设计:藏远传媒

出版发行:**武汉大学出版社**　(430072　武昌　珞珈山)

(电子邮箱:cbs22@ whu.edu.cn 网址:www.wdp.com.cn)

印刷:武汉精一佳印刷有限公司

开本:787×1092　1/16　印张:13.75　字数:285 千字　插页:2

版次:2025 年 1 月第 1 版　　2025 年 1 月第 1 次印刷

ISBN 978-7-307-24068-1　　定价:128.00 元

武汉大学“大学精神与文化建设”丛书

武汉大学“大学精神与文化建设”丛书

总 序

江城多山，珞珈独秀。作为中国高等教育的一方重镇，武汉大学拥有悠久的办学历史，汇集了众多的精彩华章，永不停歇地奋进、改革、发展，笃行致远，弦歌不辍。

风雨征程，波澜壮阔。回顾武汉大学130余年的历史，既是一部自强不息、艰苦奋斗的创业史，也是一部满怀理想、气势恢弘的发展史。从诞生于清末救国图强洪流中的自强学堂，到跻身中国五大名校之列的国立武汉大学；从乐山时期艰苦困厄中取得辉煌成就，到中华人民共和国成立后呈现蓬勃生机；从走在改革开放潮流之先的“高校中的深圳”，到世纪之交合并高校的典范；从全面推进跨越式发展，到勇担重任“顶天立地”办大学；从自强不息在挫折中奋起，到满怀信心迈向世界一流……在漫长而壮阔的征程中，武汉大学广纳良才，荟萃精英；名师云集，英才辈出；实力雄厚，声名远扬。学校勇立中国高等教育发展的潮头，始终以民族复兴为己任，不断为国家富强和人类进步作出新的贡献。迄今已为社会输送了70余万名各类高级专门人才，创造了一大批有价值的研究成果，建设了一支高素质的教师队伍，已发展成为学科门类齐全、师资力量雄厚、育人环境优美，具有深厚的人文底蕴、鲜明的办学特色和优良的学风校风，在国内国际都有着广泛影响力和卓著声誉的高水平大学。

一所大学百余年的激荡史，贯注着一种绵延不息的精神传统。大学精神是一所大学的灵魂，反映了大学根本的办学理念和价值观念，关系到一所大学的存亡兴衰。大学精神无形却永恒，正是一所大学经久不衰的独特魅力和生命力之所在。在长期的办学过程中，武汉大学积淀了丰富而深厚的文化传统，形成了独特而鲜明的核心价值，凝练出武大人广泛认同和自觉奉行的武大精神。武大精神是武大人共同的价值追求和精神动力，正是凭着一代代学人的耕耘和涵育，一代代学子的承继和弘扬，武大的“精气神”才得以生生不息，滋兰树蕙。武大精神集中体现在“自强、弘毅、求是、拓新”的校训中，她铸造了武大的文化之髓、价值之轴、兴校之魂，彰显了百年学府的独特气质和卓越风采。

武大精神蕴涵着匡时济世、奋斗不止的“自强”精神。“天行健，君子以自强不息。”武汉大学从诞生之时起，就被历史性地赋予“上备国家任使”的神圣使命，她承载着无数仁人志士的光荣与梦想，始终立于时代发展的最前沿，始终站在攻坚克难的最前列，以热血救国，以学术报国，以创新强国，一代代武大人志存高远，不懈探索，自立自强，生生不息。

武大精神蕴涵着坚韧刚毅、志向超迈的“弘毅”精神。“士不可以不弘毅，任重而道远。”无数先贤矢志追求办一流大学的“武大梦”，无数后来者接续奋斗，既有鲲鹏之志般的理想和抱负，又有甘坐冷板凳的恒心和韧劲，秉持宽容豁达的气度、刚毅坚卓的毅力，一代代武大人追求卓越，勇创一流，锲而不舍，勇毅前行。

武大精神蕴涵着朴实勤严、追求真理的“求是”精神。“修学好古，实事求是。”科学上追求至真，道德上追求至善，是历代武大学人躬身践行的品格和风骨，展现了为人朴素真诚、做事脚踏实地的学者风范和学术精神。去浮华，敦朴素，弃空谈，尚实干，一代代武大人澹泊明志，宁静致远，治学严谨，术业专精。

武大精神蕴涵着敢为人先、锐意进取的“拓新”精神。“苟日新，日日新，又日新。”崇尚创新、不拘一格、敢破敢立，已成为武大人身上的鲜明标识。武汉大学被誉为“拔尖创新人才的摇篮”，学校始终引领时代发展潮流，不断顺应国家社会需要，致力于科学研究和教育教学改革与创新，一代代武大人勇于创造，探索未知，独辟蹊径，培育栋梁。

当前，我国正处在以中国式现代化全面推进强国建设、民族复兴伟业的关键时期。

党的二十届三中全会强调，教育、科技、人才是中国式现代化的基础性、战略性支撑，要统筹推进教育科技人才体制机制一体发展，提升国家创新体系整体效能。全国教育大会发出朝着建设教育强国坚实迈进的动员令。武汉大学作为在全国有着重要影响力的“双一流”头部高校，以高质量内涵式发展的新成就新贡献，助力我国早日建成教育强国、科技强国、人才强国，是我们责无旁贷的历史使命和重大任务。面临新的形势和要求，我们理当回顾过往，审视当下，展望明天。鉴往知来，学校党委组织编辑出版武汉大学“大学精神与文化建设”丛书，就是为了梳理武大的文化传统和精神脉络，展现百卅学府的梦想与追求、情怀与担当，凝聚广大师生不断向前奋进的强大精神力量。丛书所包含的《珞珈大先生》《珞珈青年说》《留学珞珈》《珞珈记忆》《红色珞珈》，集中展现了武大的师者风范、学子风采、留学生活、历史记忆和红色基因，旨在从不同维度、不同方面讲好武大故事、展示武大形象、彰显武大底蕴、弘扬武大精神。

以院士和资深教授为代表的“大先生”是武大优秀教师的杰出代表，他们以其真知灼见泽被后世，以其风骨精神影响后学，突出地体现、赓续和发扬了武大精神；珞珈青年求知在武大，成才在珞珈，到祖国最需要的地方建功立业，他们的多彩生活和奋斗故事是武大学子共同的青春励志书；培养好留学生是武大不断走向国际化的一个生动剪影，是“留学中国”品牌的一张亮丽名片，是讲好中国故事、传播中国经验、发出中国声音的鲜活范例；珍贵的老照片是武大人共同的历史记忆，折射出百年名校悠久的办学历史、厚重的学术底蕴与深邃的人文精神；红色珞珈图集展现了党组织在武大的孕育、师生的爱国运动、校园建筑承载的红色故事等生动感人、弥足珍贵的红色文化资源，描绘出一幅武大红色基因图谱。今后，这套丛书还可吸收更多学校文化建设的最新成果，不断丰富拓展武大文化精神的深厚内涵。

忆往昔，沧桑巨变成历史，多少俊彦领先声；看今朝，凤鸣盛世续华章，无数新人立伟业。武大精神的力量感召着我们，也将永远激励着来者。站在新的历史方位，武汉大学这所百年学府正焕发蓬勃生机，洋溢着青春活力，以昂扬之姿拥抱下一个百卅华年。我们将坚持以习近平新时代中国特色社会主义思想为指导，深入学习贯彻党的二十大和二十届二中、二十届三中全会精神，深入贯彻落实习近平总书记给武汉大学参加南北极科学考察队师生代表的重要回信精神，牢记嘱托、砥砺奋进，勇担新时代赋予的新使命，进一步厚植武大文化、弘扬武大精神，在加快建设中国特色世界一流大学的伟大征程中，以高质量发展的新成就，以支撑建设教育强国、实现中国式现代化的新贡献，续写武汉大学新的壮丽篇章。

黄泰岩

2024 年 11 月于珞珈山

珞珈记忆

目　录

叁 1938—1946

烽火乐山路

肆 1946—1949

复员珞珈山

1893—1932

源起东厂口

迁校珞珈山

1932—1937

源起东厂口

1893年

清末湖广总督张之洞奏请清政府创办湖北自强学堂，武汉大学的历史即起源于此。

1902年

张之洞将自强学堂更名为方言学堂，并迁至武昌东厂口。东厂口北倚蛇山，南面长湖、紫阳湖，西接省议会，依山傍水，交通便利，是一个办学的好地方。

1911年

武昌起义爆发后，方言学堂停办。

1913年

中华民国成立后的1913年，北洋政府在原方言学堂旧址创办国立武昌高等师范学校。

1923年

升格为国立武昌师范大学。

1893—1932

1926年

武汉国民政府将国立武昌大学与其他几所大学合并，组建国立武昌中山大学（又称“国立第二中山大学”）。校址分设三处，前国立武昌大学校址为一院，前国立武昌商科大学为二院，前省立法政专门学校为三院。

1932年3月3日

国立武汉大学正式迁至珞珈山新校区开学，同时保留东厂口旧校址。

1925年

更名为国立武昌大学。

1927年底

国立武昌中山大学停办。

1928年

国民政府大学院决定以国立武昌中山大学为基础建立“国立武汉大学”。因在东厂口的校园面积仅有40余亩，难以创办一所现代意义上的国立大学，于是选址在东湖之滨的落驾山（后改名为“珞珈山”）一带筹备建设新校舍。

1 校史发轫

①张之洞（1837—1909）

自强学堂创办人

②1893年11月29日，湖广总督张之洞向清朝光绪皇帝上奏《设立自强学堂片》，并于当年12月27日得到了“该衙门知道”的朱批（复制件）。

旁購地鳩工造成學堂一所名曰自強學堂分
方言格致算學商務四門每門學生先以二十
人為率湖北湖南兩省士人方准與考方言學
習泰西語言文字為馭外之要領格致兼通化
學重學電學光學等事為衆學之入門算學乃
製造之根源商務關富強之大計每門延教習
一人分齋教授令其由淺入深循序漸進不尚
空談務求實用所需經費暫就外籌之款湊撥
濟用俟規模漸擴成效漸著再行籌定專款
奏明辦理以為經久至計據湖北善後總局司道
詳請
奏明立案前來理合附片具陳伏祈
聖鑒謹
奏
該衙門知道

①③
②④

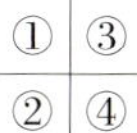

③蔡锡勇（1847—1898）

自强学堂首任总办（1893—1898）

④程颂万（1865—1932）

自强学堂、方言学堂提调（1899—1905）

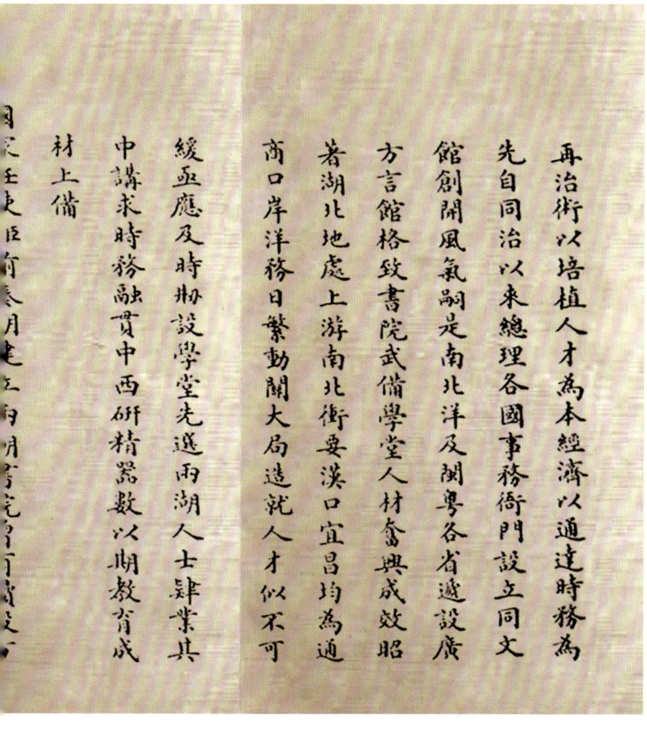
再治術以培植人才為本經濟以通達時務為
先自同治以來總理各國事務衙門設立同文
館創開風氣嗣是南北洋及閩粤各省遞設廣
方言館格致書院武備學堂人材奮興成效昭
著湖北地處上游南北衝要漢口宜昌均為通
商口岸洋務日繁動關大局造就人才似不可
緩亟應及時擬設學堂先選兩湖人士肄業其
中講求時務融貫中西研精器數以期教育成
材上備

2 早期建筑

①
②

①国立武昌高等师范学校校门（此校门为原湖北方言学堂校门，国立武昌高等师范学校沿用此校门十年）

②国立武昌高等师范学校校舍全景（1918年建校五周年纪念活动期间绘制）

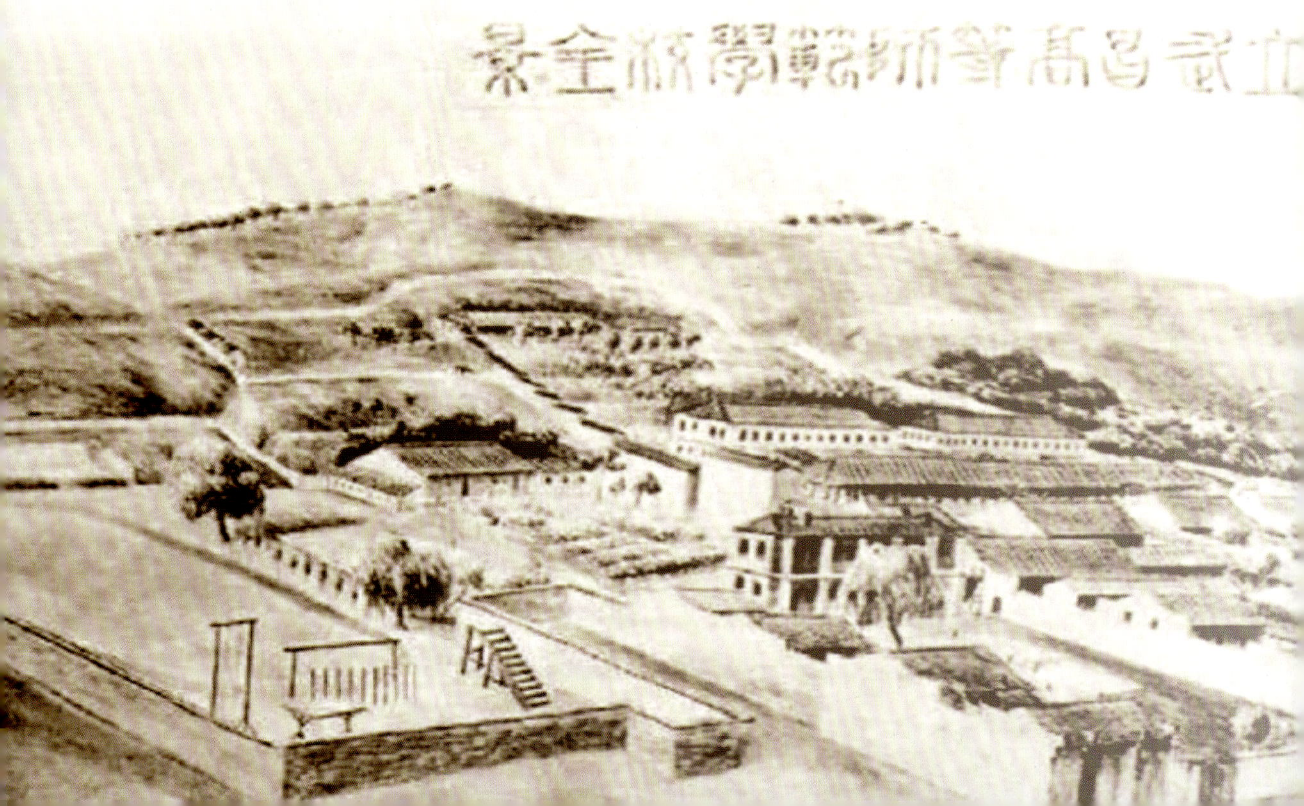

①
②

①1923年2月，国立武昌高等师范学校将学校后山的风雨操场改建为讲演厅，著名学者梁漱溟、吴稚晖、胡适、周鲠生、马寅初等曾在此讲学，今为武昌苗圃花房。

②国立武昌高等师范学校教室

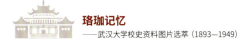

①国立武昌高等师范学校礼堂（1923年2月改为图书馆）

②1920年1月落成的国立武昌高等师范学校新教学楼

① ②

①湖北省公立法政专门学校校园，后为国立武昌中山大学第三院（1920年）

②国立武昌高等师范学校国文史地部图书馆及同人研究室（国立武昌师范大学成立后即改为学校行政楼）

①国立武昌商科大学校门（位于武昌三道街），后为国立武昌中山大学第二院

②1915年9月，国立武昌高等师范学校开办附属小学（1926年改名为湖北省立第一小学）。1927年4月，中共“五大”在此举行开幕式。同年5月，青年团“四大”亦在此召开。

③国立武昌师范大学校舍全景（远处为长湖，今黄鹤街长湖社区）

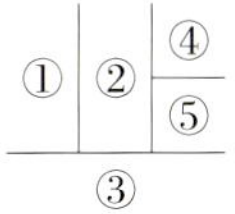

④建校之初的国立武汉大学校门（位于东厂口，今黄鹤楼公园东门处）

⑤国立武汉大学东厂口校舍全景（远处为长湖）

3 大学校长

①②
③④
⑤⑥

①张　渲（1885—1945）　字绶青，直隶东光人。1914年11月—1919年9月先后任国立武昌高等师范学校代理校长、校长。

②谈锡恩（1874—1951）　字君讷，湖北兴山人。1919年9月—1922年2月任国立武昌高等师范学校校长。

③张继煦（1876—1956）　字春霆，湖北枝江人。1922年5月—1924年11月先后任国立武昌高等师范学校代理校长和国立武昌师范大学校长。

④石　瑛（1878—1943）　字蘅青，湖北阳新人。1924—1925年先后任国立武昌师范大学校长和国立武昌大学校长，1928—1930年先后任国立武汉大学建筑设备委员会委员、工学院院长等职。

⑤徐　谦（1871—1940）　字季龙，安徽歙县人。1926年11月28日任国立武昌中山大学筹备委员会委员，1927年2—12月任国立武昌中山大学校务委员会主任。

⑥刘树杞（1890—1935）　字楚青，湖北蒲圻人，著名化学家、教育家。1928年7—9月任国立武汉大学筹备委员会主任委员，1928年7月—1929年3月任国立武汉大学代理校长。

4 莘莘学子

生物系三年級

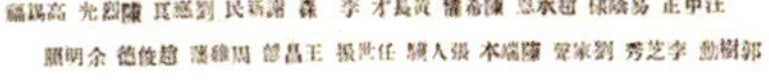

地學系二年級

郭時逢　張行忠　張玉堂

①1916年国立武昌高等师范学校英语部一年级学生合影，后排右三为陈潭秋（时名陈澄），右一为章伯钧。

②③1922年，国立武昌高等师范学校首次招收女生9名，实行混合编班，男女同校。以上两张照片中的女生为国立武昌高等师范学校早期招收的女生。

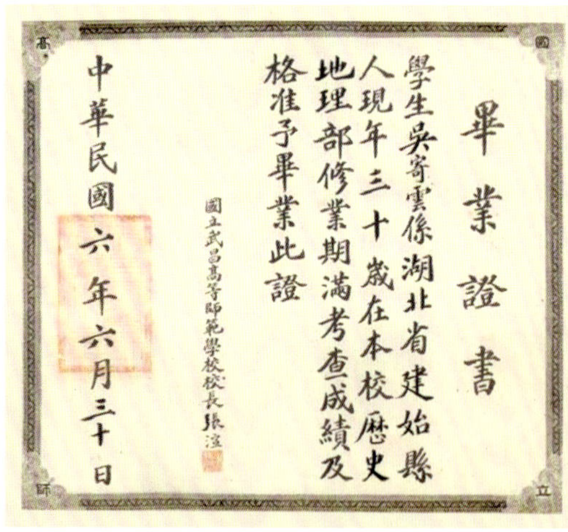

畢業證書

學生吳寄雲係湖北省建始縣人現年三十歲在本校歷史地理部修業期滿考查成績及格准予畢業此證

國立武昌高等師範學校校長張渲

中華民國六年六月三十日

國立武昌高等師範學校

畢業證書

學生張明恒係湖南省桂陽縣人現年二十五歲在本校國文史地部修業期滿考查成績及格准予畢業此證

校長石瑛

教務主任吳薇朋 學系主任

中華民國十三年六月三十日

Wuchang Government Teachers College

Wuchang, Hupeh

Known All men by these presents that Mr.

has successfully completed the studies prescribed for the Teachers Training Course in this Institution, and is, therefore, fully entitled to this Certificate of Graduation, which is herewith officially bestowed, together with all rights and privileges usually accorded to such graduates.

Signed and Sealed by:

President

Director of Studies

Dean

Dated

①国立武昌高等师范学校第一届毕业生毕业证书（1917年）

②石瑛校长到任后为前国立武昌高等师范学校毕业生补发的毕业证书

③国立武汉大学全体在校女生合影（1929年）

5 校园文化

①
② ③

①1918年11月3日，国立武昌高等师范学校举行第五次秋季运动大会（后山为高观山）

②③张渲、谈锡恩两任校长先后题写的国立武昌高等师范学校校训（1919—1920）

校訓

樸誠勇

中華民國八年

張渲敬題

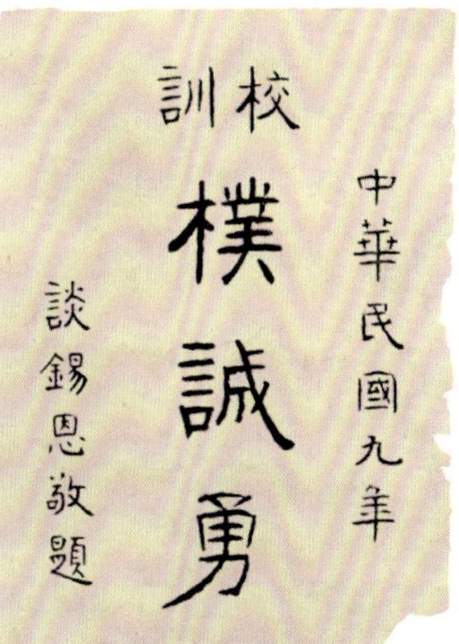

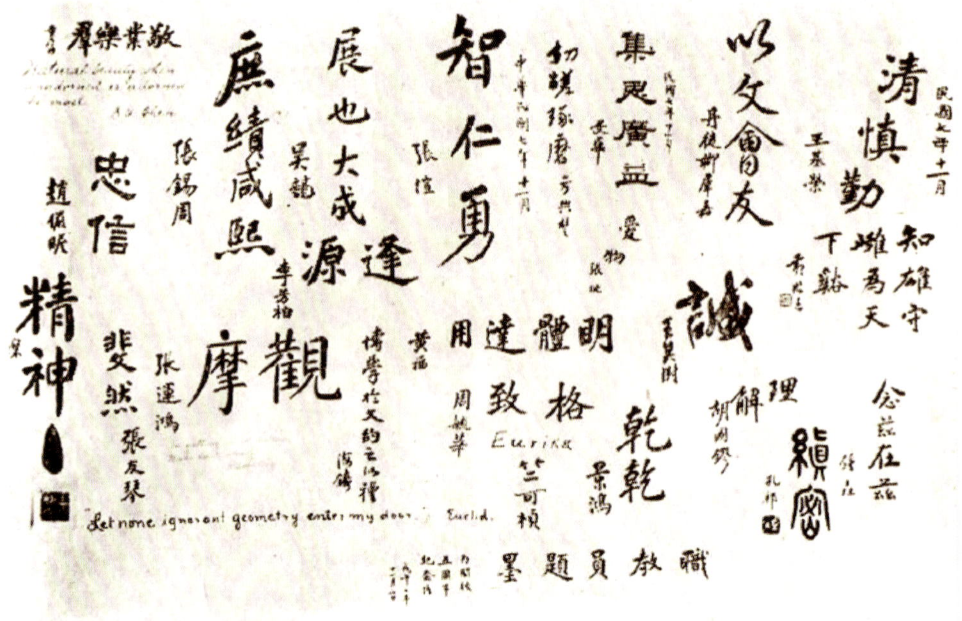

校旗

校旗說明

近日中外各學校均有特別徽章旗幟。以表一校之精神。本校前製徽章。沿禹貢荆州厥貢羽毛齒革之文。又取楚世家鬻熊爲文武師。中篆熊形。寓本校紐鄂之意。此皆已經說明者也。今卽用此式以製旗。古者旗亦名徽。左傳曰揚徽者公徒也。故旗式與徽章一律。上垂交牙。樂器有崇牙樹羽。節府有高牙大纛。於旝幟尤宜之。左右排六翮。取騰達也。黃爲中色。依易鞏用黃牛之革。取其堅也。鬻熊以師道顯。子熊繹始受封。茲會其意繡熊形者。斯干重男子之祥。渭水獲名世之兆。取其嘉吉而雄武也。且古旗本畫熊。考工記曰。熊旗六游。是已。六羽亦似六游。中備四彩。而旗質用藍。乃校中士友將來有青出於藍之盼望。此本校旗式所取義也。

①
②

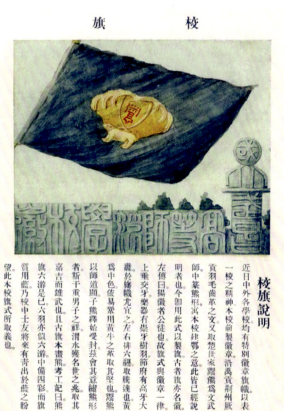

①1918年11月4日，国立武昌高等师范学校部分教职员为建校五周年纪念题词

②国立武昌高等师范学校校旗及说明（1919年制）

①1919年4月作成的国立武昌高等师范学校校歌（最初仅有一段中文歌词，词作者不详）

②国立武昌高等师范学校校歌由本校教员王立敬（L. C. Wang）重新编曲。20世纪20年代初，本校美籍教员华尔伟（S. B. Harvey）补写了两段英文歌词。

③国立武昌中山大学校徽

6 教学教材

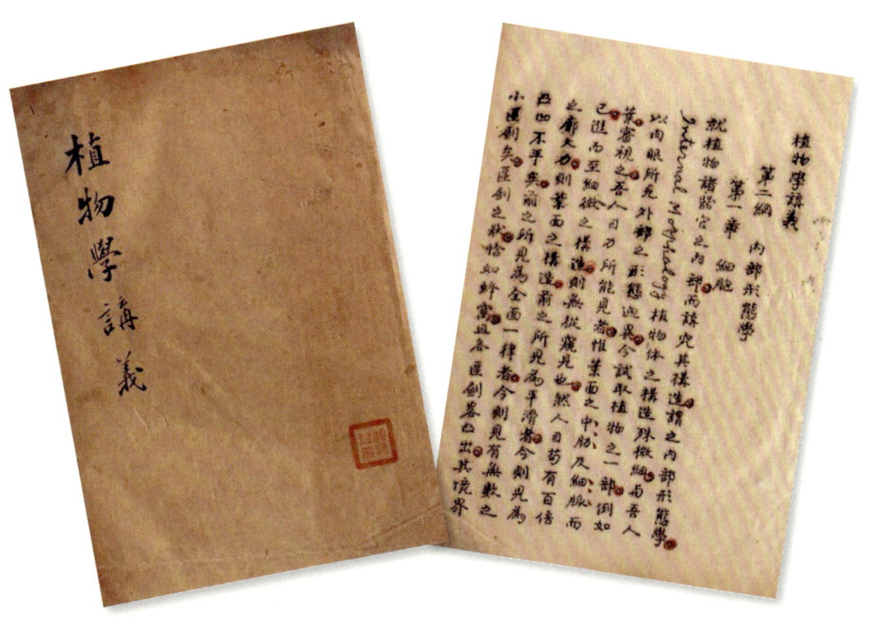

植物學講義

植物學講義

第二編　內部形態學

第一章　細胞

就植物諸器官之內部而研究其構造謂之內部形態學

Internal Morphology 植物体之構造殊微細而吾人以肉眼所見外部之形態既畢今試取植物之一部例如葉審視之吾人目力所能見者惟葉面之中肋及細脈而已進而至細微之構造則無從窺見也然人目苟有百倍之廓大力則葉面之構造前之所見為平滑者今則見為凸凹不平矣前之所見為全面一律者今則見有無數之小區劃矣區劃之狀恰如蜂窩且各區劃各自出其境界

①②国立武昌高等师范学校时期的教材《植物学讲义》

③1919年2月13日，国立武昌高等师范学校校友会干事部德育科公益股创办校役夜班，由在校学生组织教授团为广大校工补习文化知识。

民國七年十月
二十六日第八
實習

①
② ③

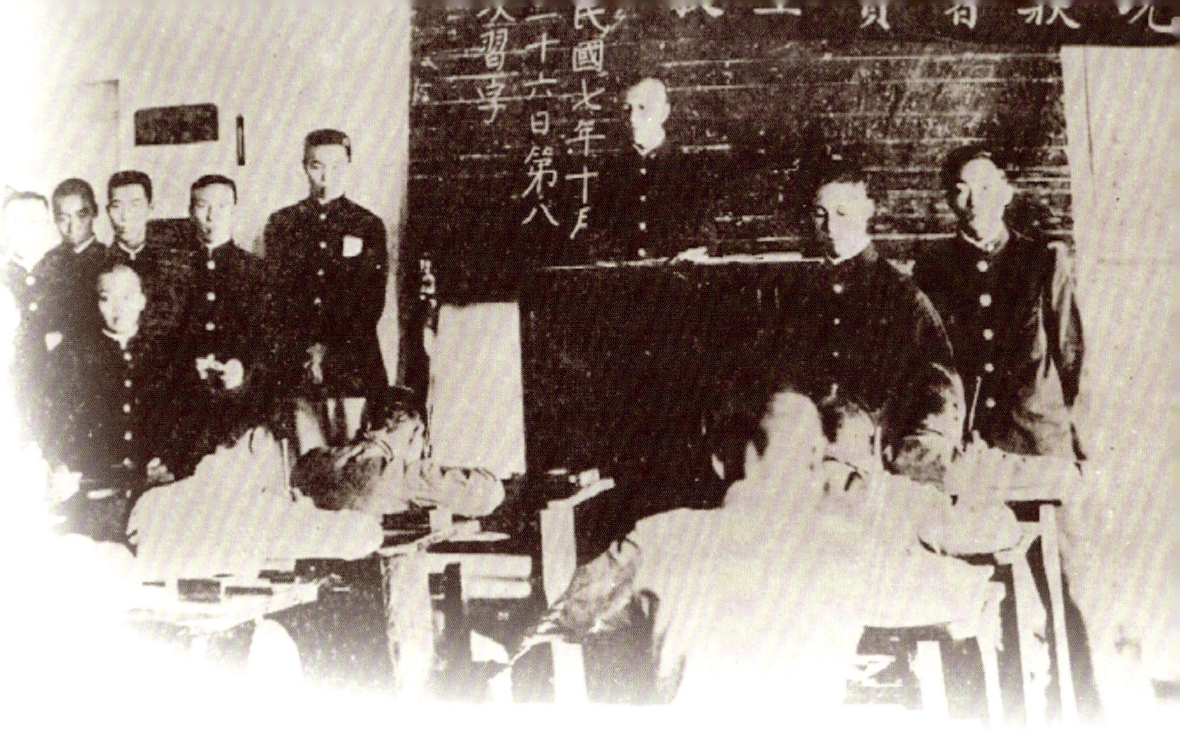

①1918年10月，国立武昌高等师范学校学生在本校附属小学进行教学实习。

②③国立武昌高等师范学校时期的教材《农学讲义》

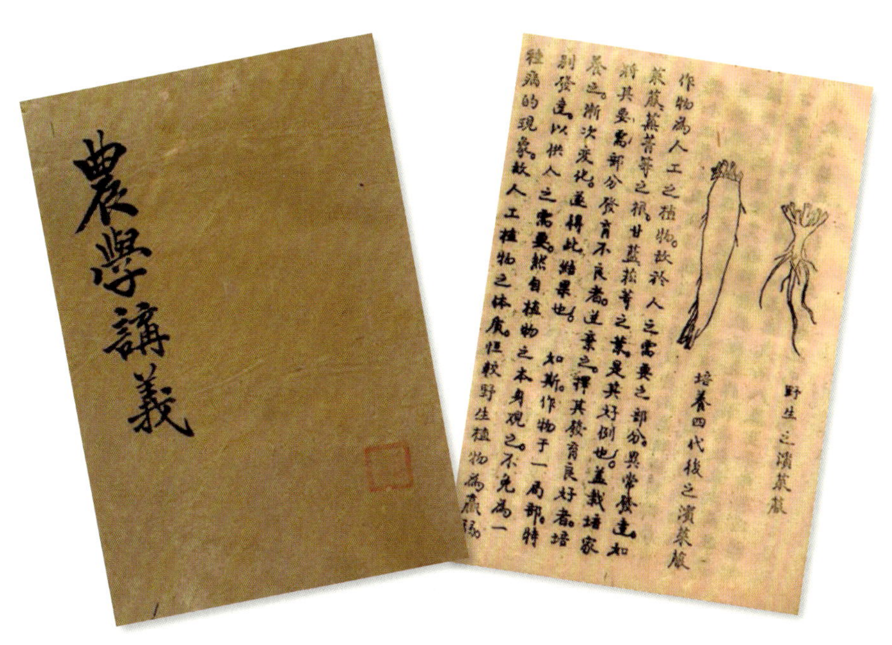

農學講義

野生之濱萊菔
培養四代後之濱萊菔
作物為人工之植物。故於人之需要之部分。異常發達。如
萊菔蕪菁等之根。甘藍菘等之葉是其好例也。蓋栽培家
將其要需部分發育不良者逐棄之。擇其發育良好者培
養之。漸次變化。遂得此結果也。如斯作物于一局部。特
別發達。以供人之需要。然自植物之本身觀之。不免為一
種病的現象。故人工植物之体質。恒較野生植物為羸弱。

①
② ③

①1920年11月初，美国著名哲学家杜威（John Dewey）在国立武昌高等师范学校讲学。

②③国立武昌高等师范学校时期的教材《动物学讲义》

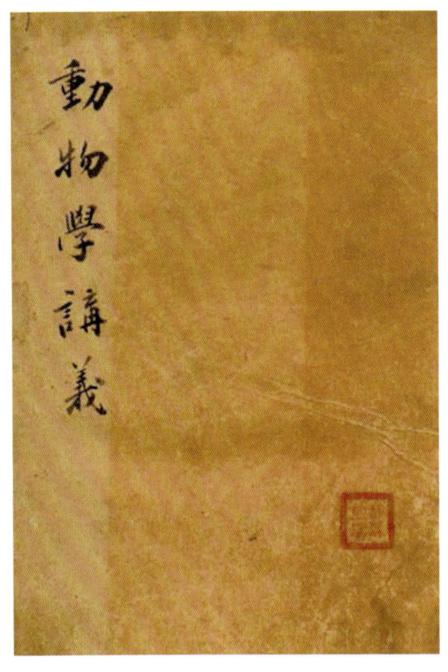

夫普通教育中生物學校課之目的。歐美諸大教育家聚訟紛紛。議論莫衷一是。而就其一般所公認之点。不外煅練生徒之觀察力。正確生徒之思想。啟發生徒之定業心。養成生徒之忍耐力是也。吾國際此思想混乱實業不振之秋。苟不於斯學着實注意。而唯人云亦云。聊備課程之配列。則前途容有幸乎。

第二章 動物之形態

第一節 原形質

生物体内之物質甚形複雜。而其最要者曰原形質。生物之生活力。皆由是質而起。故又名之曰生活物質。其物作半固半流之狀。由微細之纖維極小之顆粒與透明之液

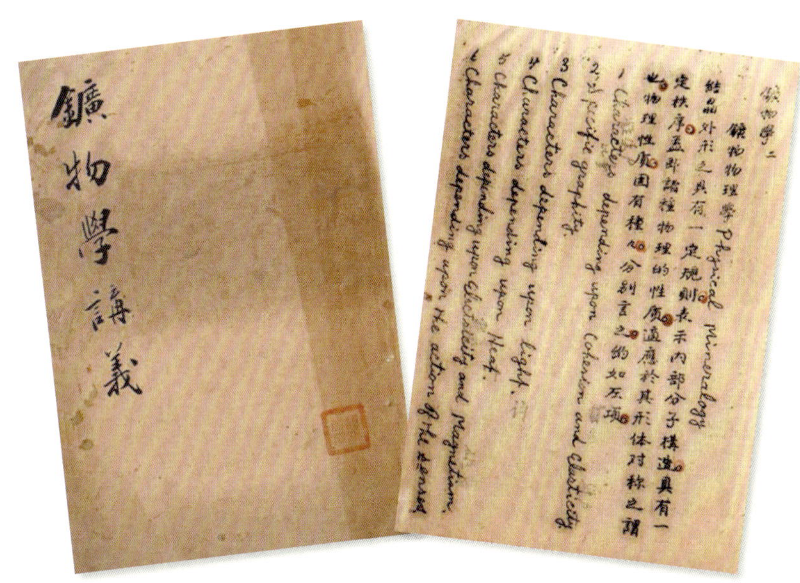

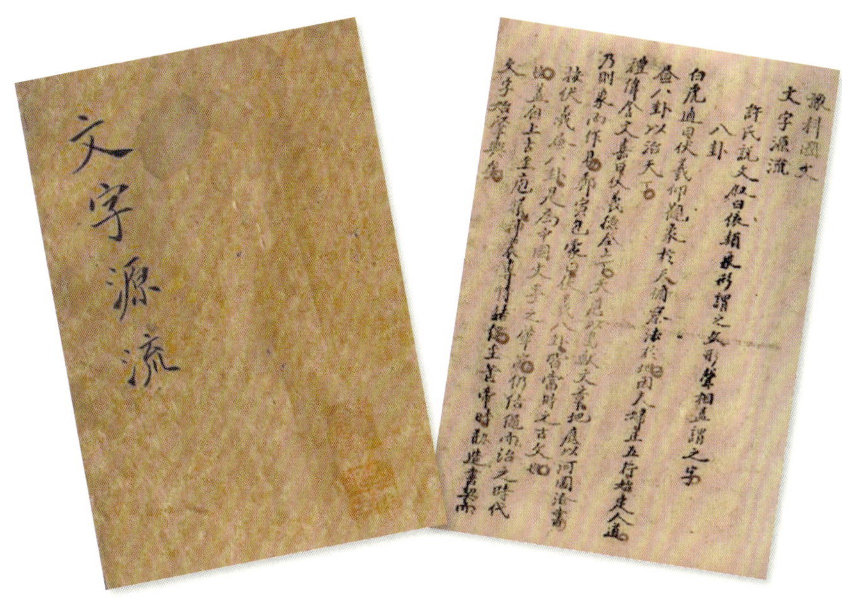

①②
③④

①②国立武昌高等师范学校时期的教材《矿物学讲义》

③④国立武昌高等师范学校时期的教材《文字源流》

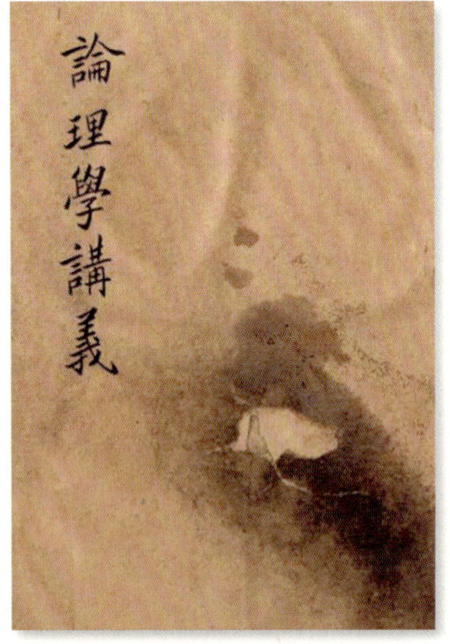

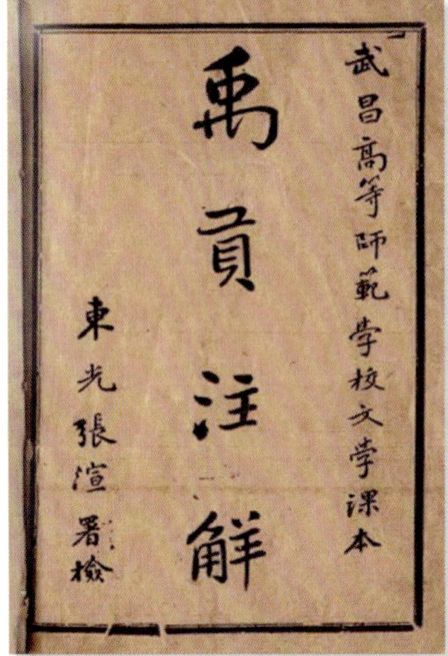

①②

③④

①②国立武昌高等师范学校时期的教材《论理学讲义》

③国立武昌高等师范学校时期的教材《禹贡注解》

④国立武昌高等师范学校时期的教材《西洋伦理学史讲义》

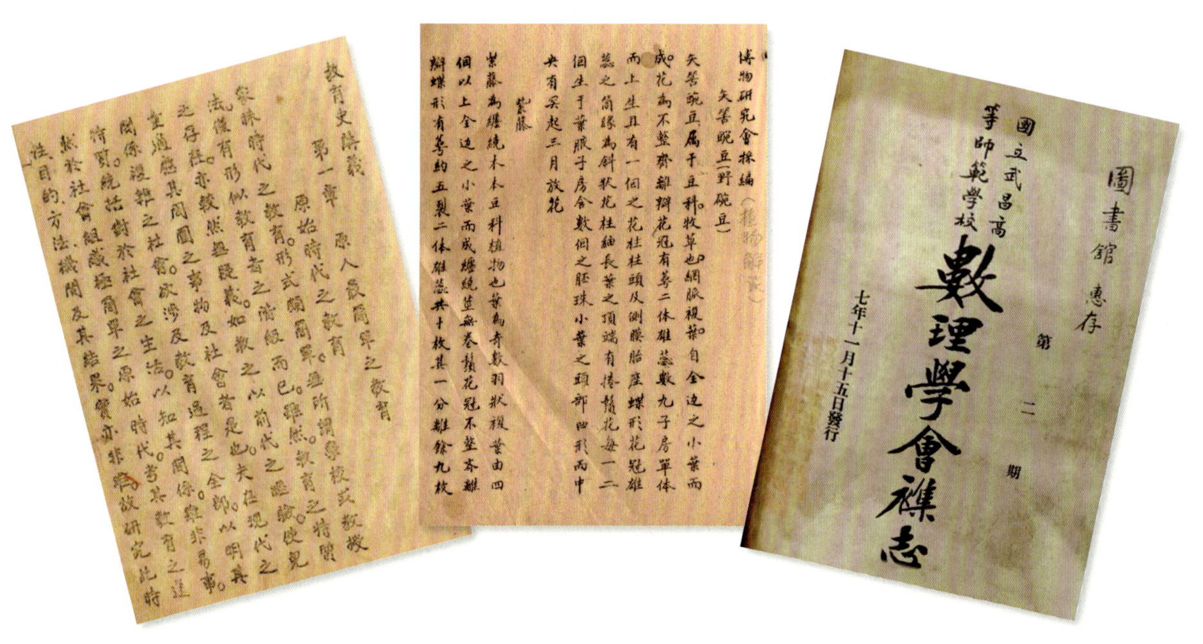

①|②|③

①国立武昌高等师范学校时期的教材《教育史讲义》

②国立武昌高等师范学校时期的教材《植物解说》

③国立武昌高等师范学校创办的《数理学会杂志》

迁校珞珈山

1928年7月

南京国民政府以原国立武昌中山大学为基础，组建国立武汉大学。中华民国大学院院长蔡元培指派刘树杞、王星拱、李四光、曾昭安、任凯南、麦焕章、涂允檀、周鲠生、黄建中等9人组成国立武汉大学筹备委员会，以刘树杞为主任委员。

1929年3月

国立武汉大学珞珈山新校舍工程开始动工。10月，校建筑设备委员会聘美国建筑设计师开尔斯（Francis Henry Kales）为新校舍建筑进行总设计。1931年底，一期工程基本完成。

1929年5月

法学家王世杰正式成为国立武汉大学首任校长。他提出要把学校办成拥有文、法、理、工、农、医六大学院的万人大学。

1928年10月31日

国立武汉大学在其一院武昌东厂口原国立武昌中山大学校舍正式开学。因东厂口地方狭小，国民政府批准成立国立武汉大学建筑设备委员会，指定李四光为委员长，麦焕章、王星拱、叶雅各、刘树杞等为委员，负责在武昌郊外勘查新校址，建设新校舍。1928年底，建筑设备委员会选择了东湖之滨的落驾山（后改名为珞珈山）一带为新校址。宁波商人沈祝三的汉协盛营造厂承建了武汉大学早期建筑群。

1932—1937

1932 年
3 月 **3** 日

国立武汉大学在珞珈山新校舍正式开学。

1934 年

学校设立法科、工科研究所，开展专门的学术研究及研究生教育。

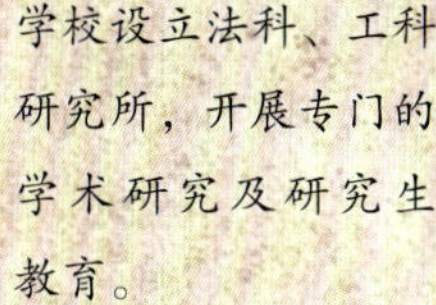

1935 年

学校开始招收研究生，逐步拓展大学的第二功能。

1936 年

学校正式成立农学院（1933 年筹）。至此，学校已有文（中国文学系、外国文学系、哲学教育系、史学系）、法（法律学系、政治学系、经济学系）、理（数学系、物理学系、化学系、生物学系）、工（土木工程学系、机械工程学系、电机工程学系）、农（农艺系）5 个学院 15 个系。

1937 年

按照教育部的要求，国立武汉大学与国立中央大学、国立北京大学、国立清华大学和国立浙江大学试行统一招生考试，跻身“民国五大名校”之列。

1938 年春

学校除毕业年级外，其余师生全部迁往四川乐山。此后，学校在乐山办学 8 年。

1937 年
7 月 **7** 日

抗日战争全面爆发。1938 年，国共两党军政要人蒋介石、陈诚、周恩来、董必武等云集珞珈山，共同开展抗日斗争。

1 拓荒建校

①
②

①王世杰（1891—1981） 字雪艇，湖北崇阳人，著名法学家、教育家、政治家。1929年3月—1933年4月任国立武汉大学首任校长。

②1929年8月确定的国立武汉大学校舍平面总图

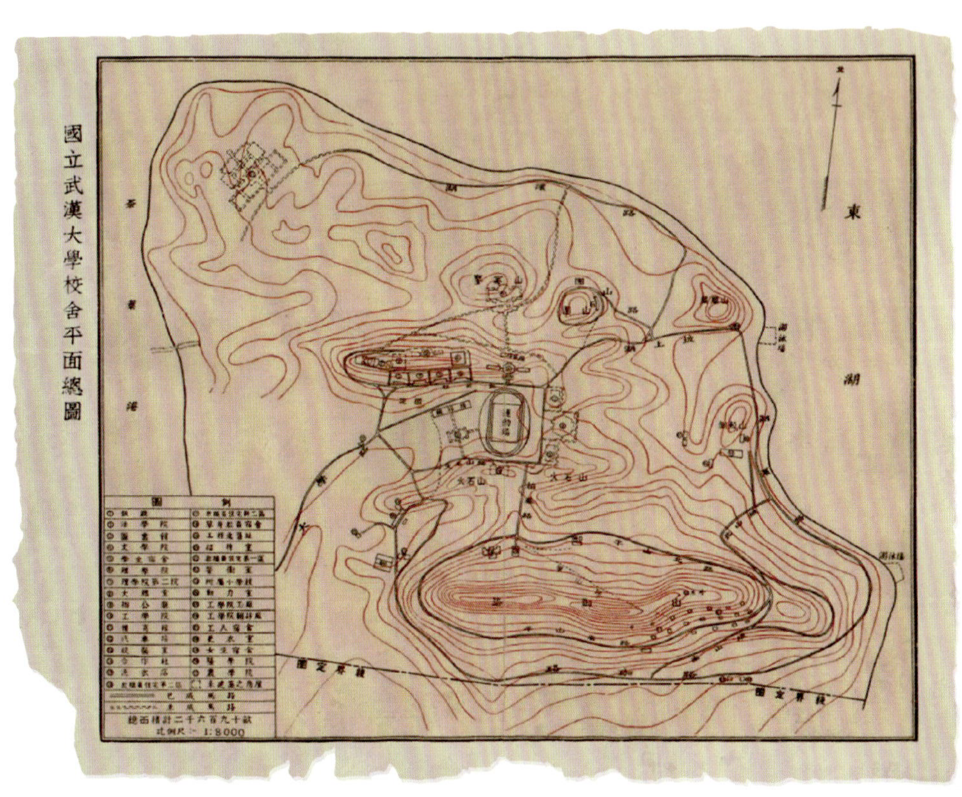

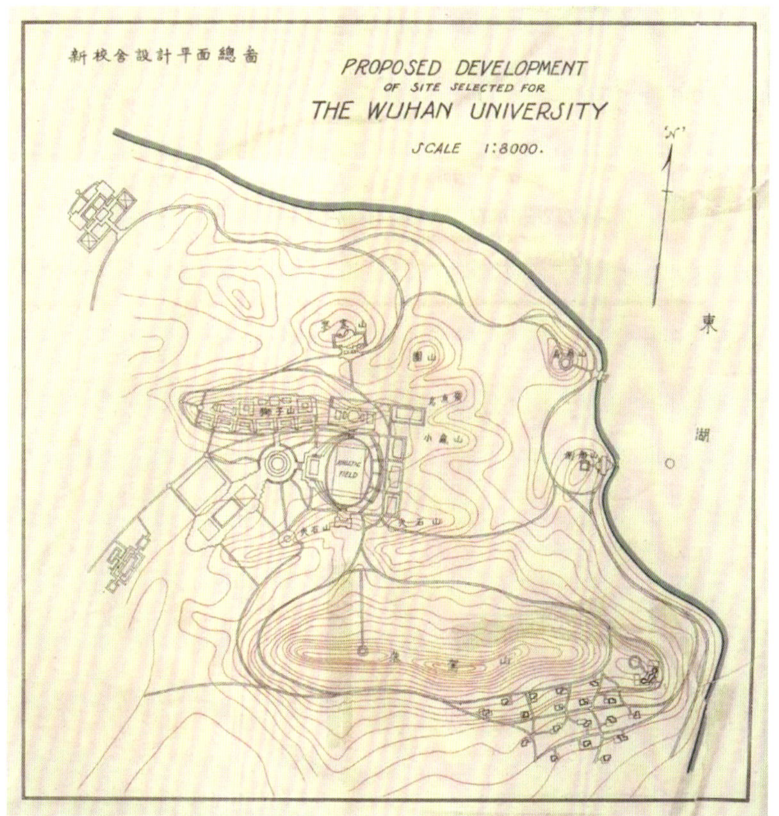

①|②
③

①李四光（1889—1971）
国立武汉大学建筑设备委员会委员长

②叶雅各（1894—1967）
国立武汉大学建筑设备委员会委员兼秘书

③1929年美国建筑设计师开尔斯绘制的国立武汉大学珞珈山新校舍设计平面总图

2 名人题词

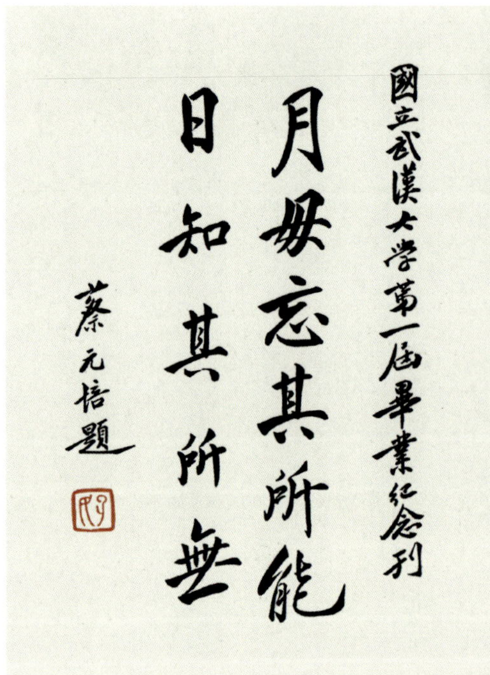

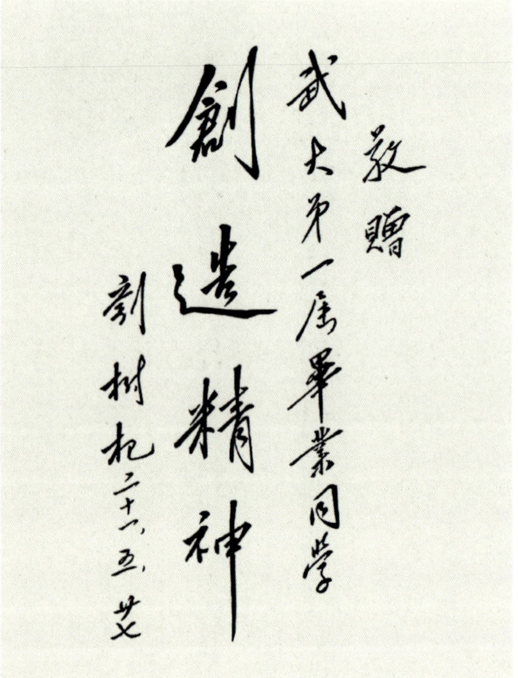

①│②

①1932年，蔡元培先生为国立武汉大学第一届毕业纪念刊题词。

②1932年，曾任国立武汉大学代校长兼湖北省教育厅长的刘树杞先生为国立武汉大学第一届毕业纪念刊题词。

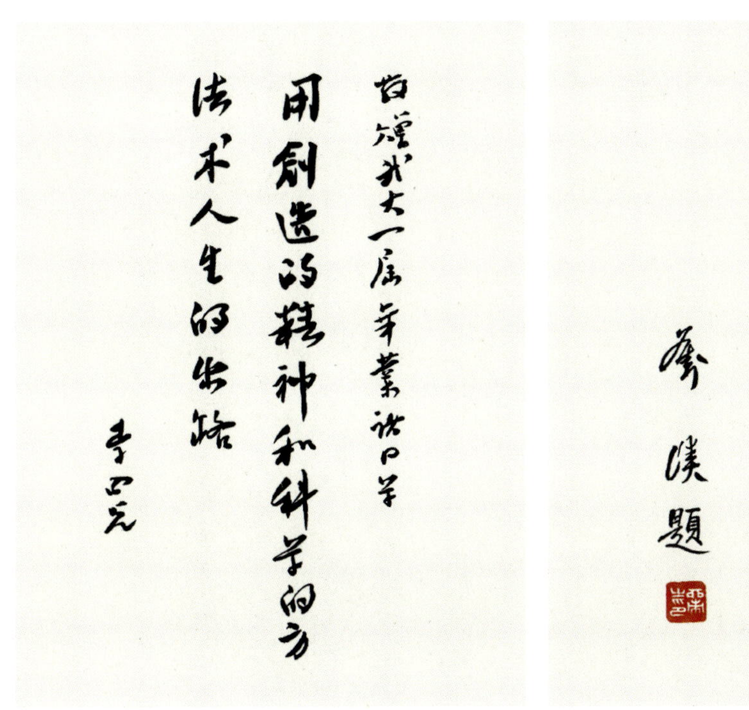

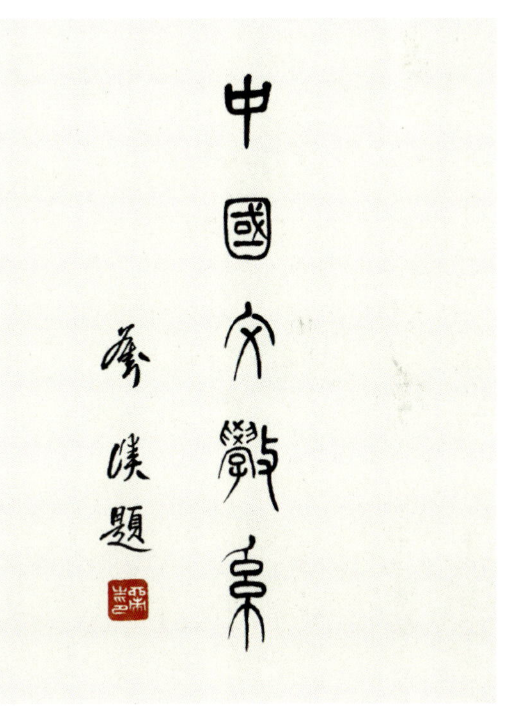

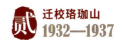

①|②

①1932年，国立武汉大学建筑设备委员会委员长李四光先生为国立武汉大学第一届毕业纪念刊题词。

②1933年，中国文学系主任刘赜教授为国立武汉大学第二届毕业纪念刊题字。

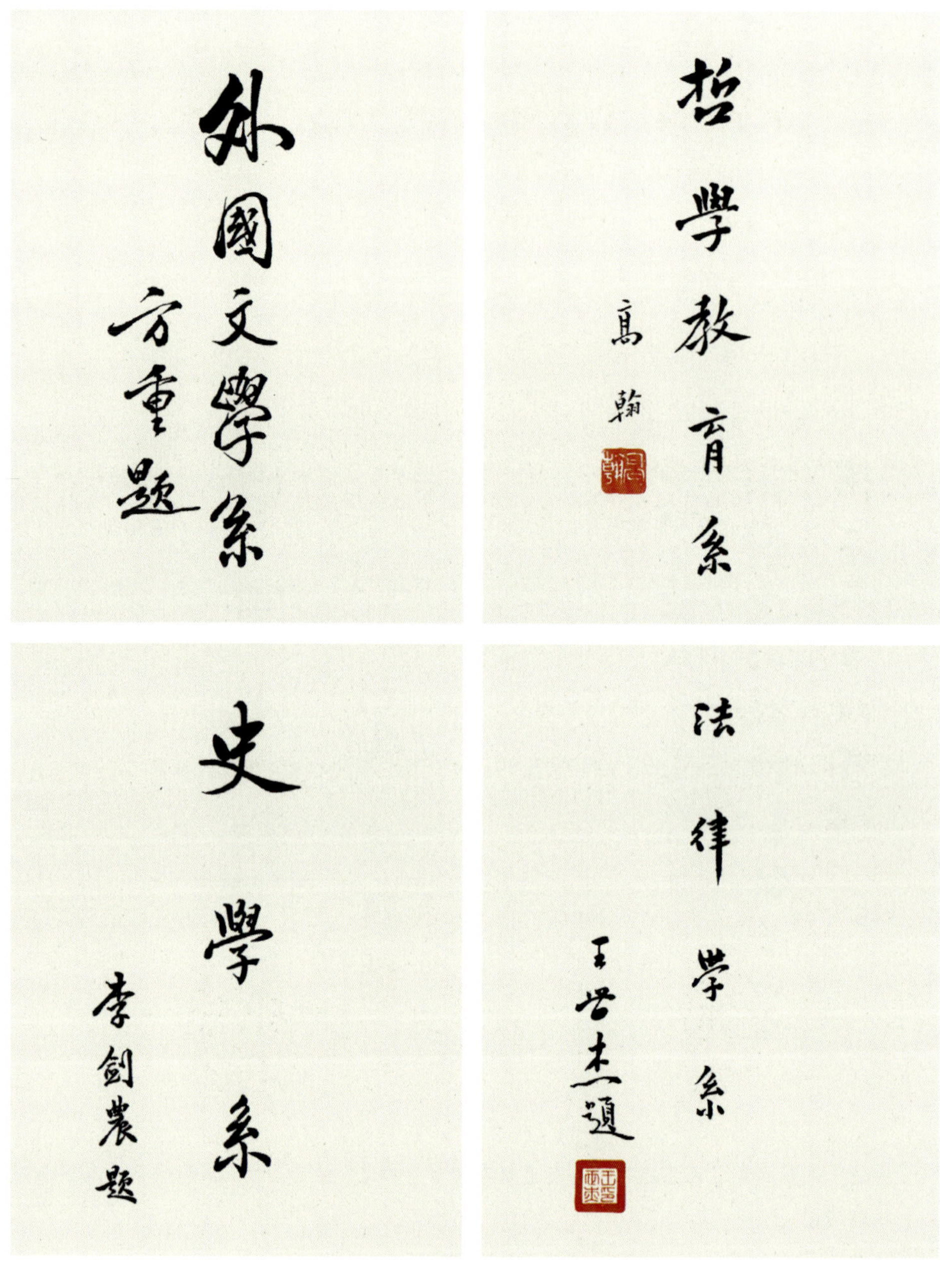

①②
③④

①1933年，外国文学系主任方重教授为国立武汉大学第二届毕业纪念刊题字。

②1933年，哲学教育系主任高翰教授为国立武汉大学第二届毕业纪念刊题字。

③1933年，史学系主任李剑农教授为国立武汉大学第二届毕业纪念刊题字。

④1933年，法律学系主任王世杰（兼）教授为国立武汉大学第二届毕业纪念刊题字。

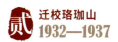

①②
③④

①1933年，政治学系主任周鲠生教授为国立武汉大学第二届毕业纪念刊题字。

②1933年，经济学系主任任凯南教授为国立武汉大学第二届毕业纪念刊题字。

③1933年，商学系主任杨端六教授为国立武汉大学第二届毕业纪念刊题字。

④1933年，数学系主任曾瑊益（昭安）教授为国立武汉大学第二届毕业纪念刊题字。

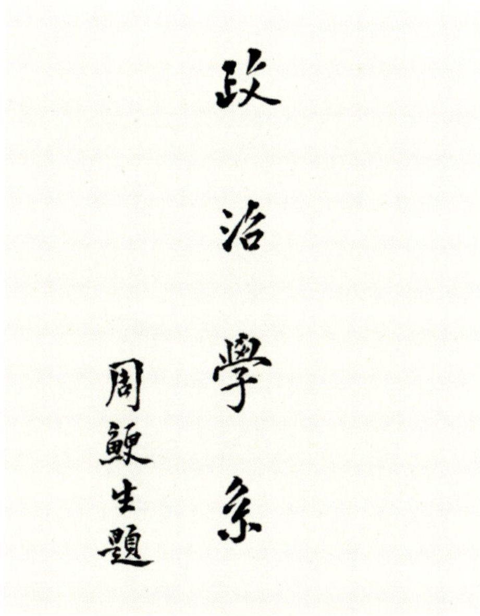

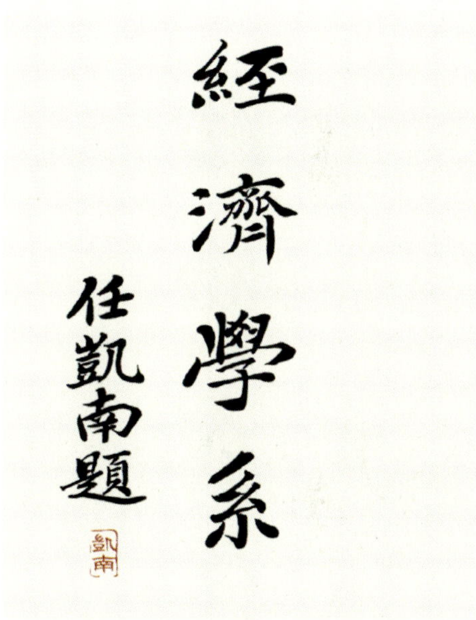

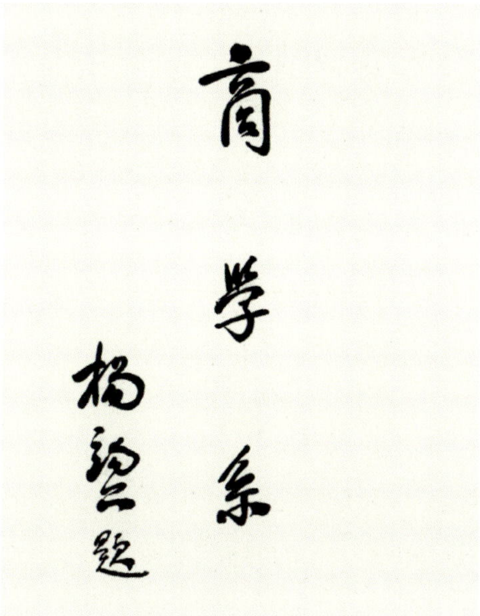

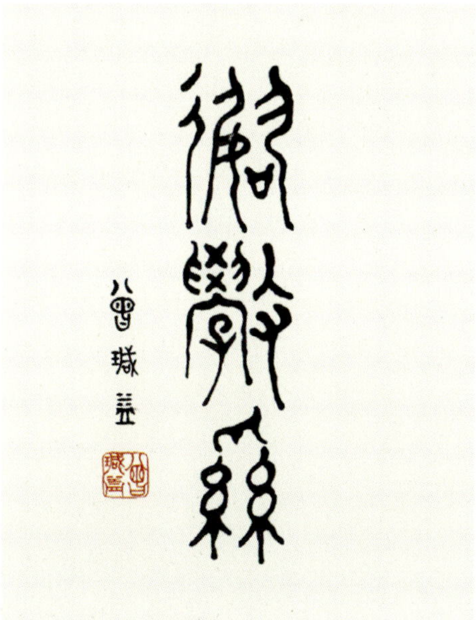

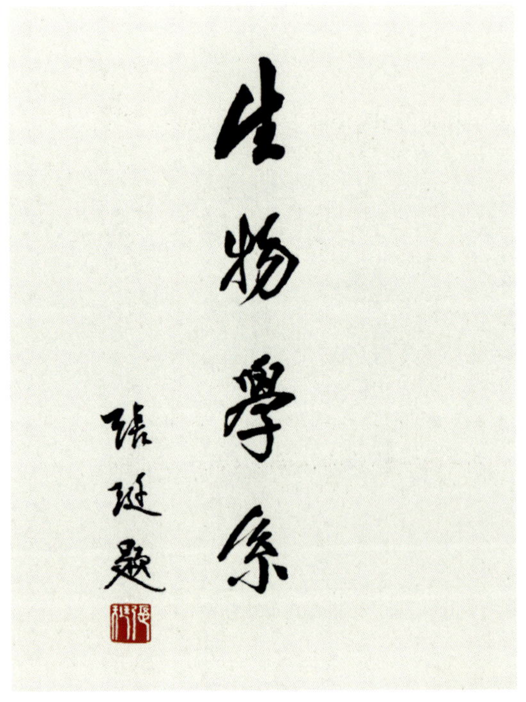

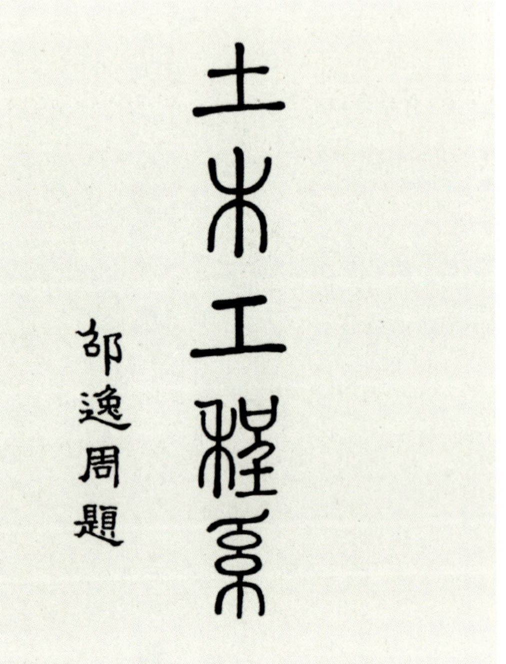

①｜②

①1933年，生物学系主任张珽教授为国立武汉大学第二届毕业纪念刊题字。

②1933年，土木工程学系主任邵逸周（兼）教授为国立武汉大学第二届毕业纪念刊题字。

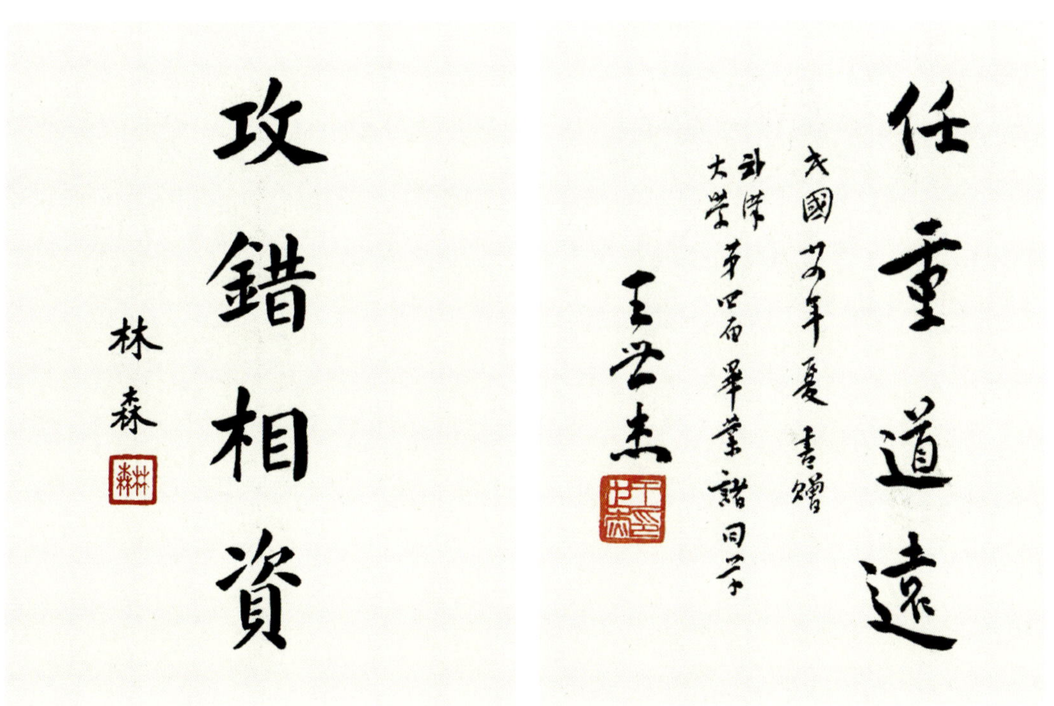

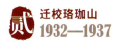

①｜②

①1935年，国民政府主席林森先生为国立武汉大学第四届毕业纪念刊题词。

②1935年，国立武汉大学前校长王世杰先生为国立武汉大学第四届毕业纪念刊题词。

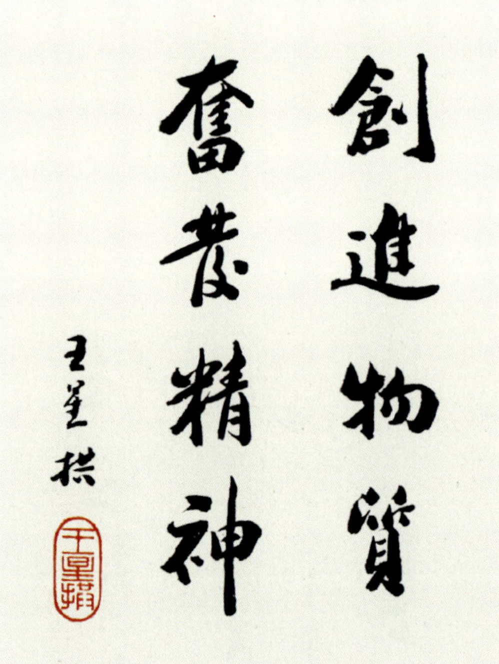

安學親師樂友信道故
雖離師輔而不反
節錄學記語以贈
畢業同學諸君 皮宗石

樹公共道德之基
開社會事業之始
楊端六

①②
③

①1936年，国立武汉大学校长王星拱先生为国立武汉大学第五届毕业纪念刊题写级训。

②1936年，国立武汉大学教务长皮宗石先生为国立武汉大学第五届毕业纪念刊题词。

③1936年，著名经济学家、国立武汉大学法学院院长杨端六先生为国立武汉大学第五届毕业纪念刊题词。

3 济济多士

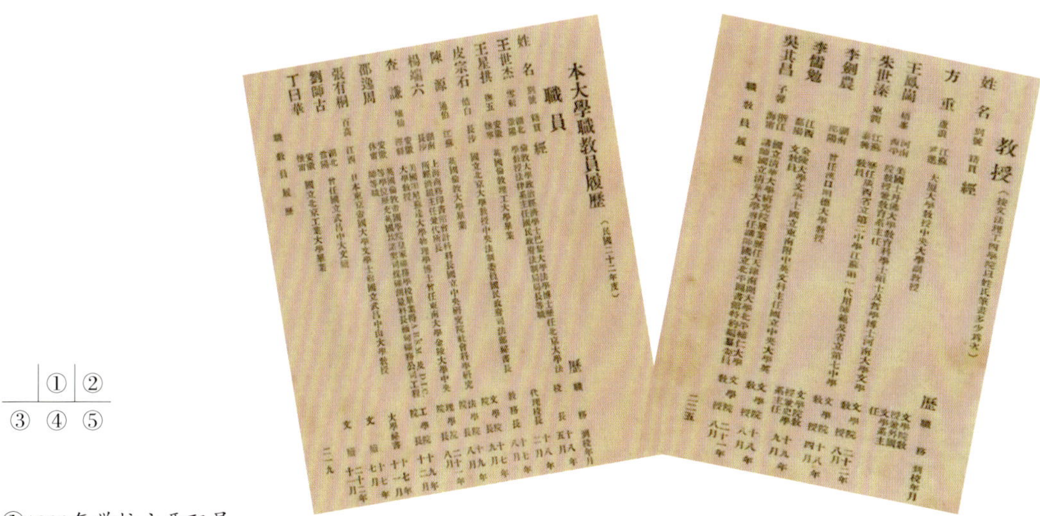

①1933年学校主要职员

②③④⑤1933年学校在岗教授名单

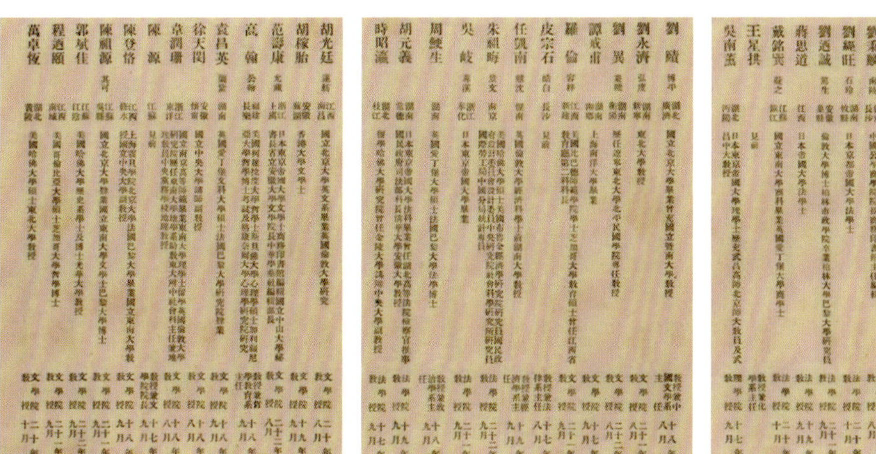

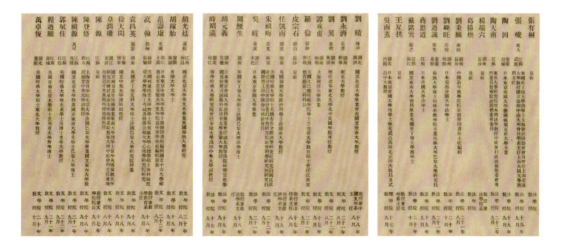

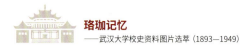

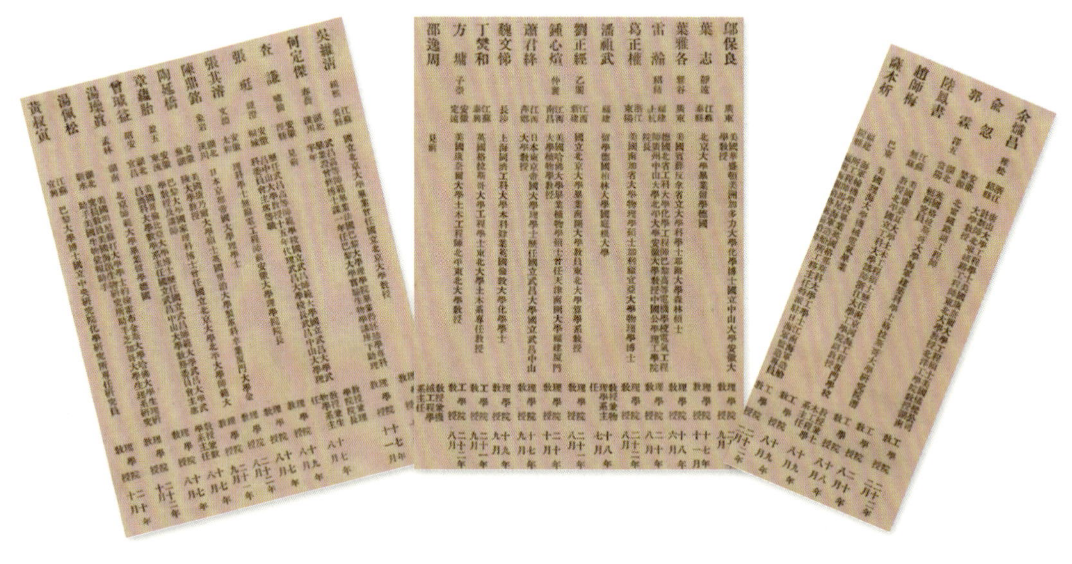

①②③1933年学校在岗教授名单

④国立武汉大学首任校长王世杰与继任校长王星拱在珞珈山东山头的山脚合影。

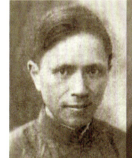

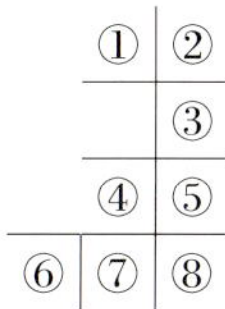

①国立武汉大学建筑设备委员会委员长李四光

②文学院院长闻一多教授

③文学院院长兼外国文学系主任陈源教授

④法学院院长兼经济学系主任皮宗石教授

⑤法学院院长兼商学系主任杨端六教授

⑥理学院院长查谦教授

⑦工学院院长兼土木工程系主任邵逸周教授

⑧农学院院长叶雅各教授

①图书馆馆长兼法学院教授梁明致先生

②大学秘书兼法学院教授张有桐先生

③注册部主任兼法学院教授葛扬焕先生

④事务部主任熊国藻先生

⑤图书馆主任皮高品先生

⑥体育部主任袁凌老师

⑦校医陈敬安医生

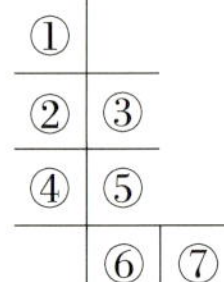

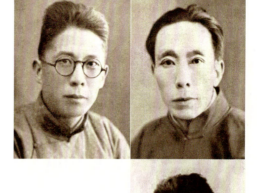

（一）文学院中国文学系教授

①文学院中国文学系主任刘赜教授

②文学院中国文学系刘永济教授

③文学院中国文学系徐天闵教授

④文学院中国文学系周贞亮教授

⑤文学院中国文学系朱东润（世溱）教授

⑥文学院中国文学系刘异教授

⑦文学院中国文学系陈恭禄教授

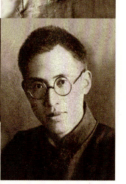

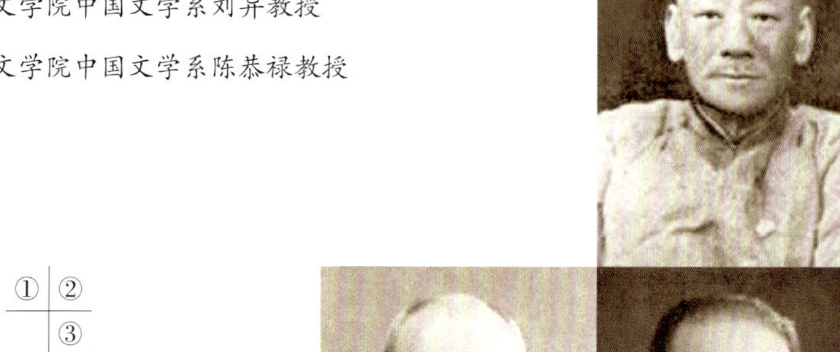

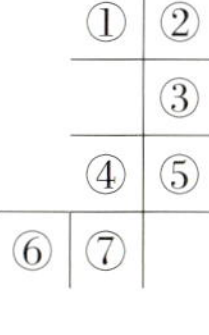

（二）文学院外国文学系教授

①文学院外国文学系主任方重教授

②文学院外国文学系陈登恪教授

③文学院外国文学系陈尧成教授

④文学院外国文学系张沅长教授

⑤文学院外国文学系李儒勉教授

①	
②	
③	④
	⑤

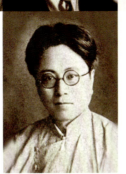

①文学院外国文学系胡光廷教授

②文学院外国文学系袁昌英教授

③文学院外国文学系捷希教授

④文学院外国文学系格拉塞教授

⑤文学院外国文学系培尔教授

⑥文学院外国文学系陈元德教授

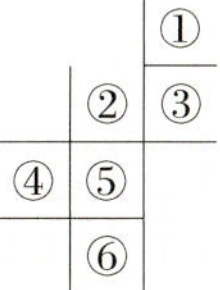

（三）文学院哲学教育系教授

①文学院哲学教育系主任高翰教授

②文学院哲学教育系范寿康教授

③文学院哲学教育系程迺颐教授

④文学院哲学教育系胡稼胎教授

⑤文学院哲学教育系罗伦教授

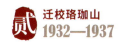

（四）文学院史学系教授

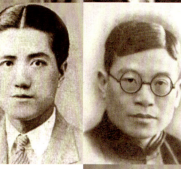

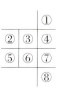

①文学院史学系主任李剑农教授

②文学院史学系谭戒甫教授

③文学院史学系陈祖源教授

④文学院史学系郭斌佳教授

⑤文学院史学系刘掞藜教授

⑥文学院史学系周谦冲教授

⑦文学院史学系韦润珊教授

⑧文学院史学系吴其昌教授

		①
②	③	④
⑤	⑥	⑦
		⑧

（五）法学院法律学系教授

①	②	③
④	⑤	
	⑥	⑦
	⑧	⑨

①法学院法律学系主任周鲠生教授

②法学院法律学系主任葛扬焕教授

③法学院法律学系梅汝璈教授

④法学院法律学系蒋思道教授

⑤法学院法律学系吴学义教授

⑥法学院法律学系陶天南教授

⑦法学院法律学系刘经旺教授

⑧法学院法律学系吴岐教授

⑨法学院法律学系胡元义教授

（六）法学院政治学系教授

①法学院政治学系主任时昭瀛教授

②法学院政治学系主任刘廼诚教授

③法学院政治学系张有桐教授

④法学院政治学系樊德芬教授

⑤法学院政治学系缪培基教授

⑥法学院政治学系苏益信教授

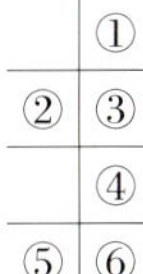

（七）法学院经济学系教授

①法学院经济学系主任任凯南教授

②法学院经济学系刘秉麟教授

③法学院经济学系杨端六教授

④法学院经济学系主任陶因教授

⑤法学院经济学系戴铭巽教授

⑥法学院经济学系张峻教授

⑦法学院经济学系朱祖晦教授

（八）理学院数学系教授

①理学院数学系主任曾昭安教授

②理学院数学系萧君绛教授

③理学院数学系汤藻真教授

④理学院数学系吴维清教授

⑤理学院数学系刘正经教授

⑥理学院数学系叶志教授

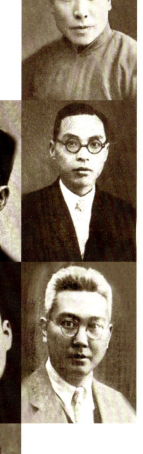

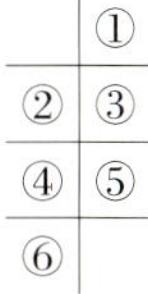

（九）理学院物理学系教授

①	②	③
	④	
⑤	⑥	⑦

①理学院物理学系主任潘祖武教授

②理学院物理学系吴南薰教授

③理学院物理学系葛正权教授

④理学院物理学系江仁寿教授

⑤理学院物理学系张其濬教授

⑥理学院物理学系严顺章教授

⑦理学院物理学系霍秉权教授

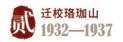

（十）理学院化学系教授

①理学院化学系主任黄叔寅教授

②理学院化学系主任邬保良教授

③理学院化学系叶峤教授

④理学院化学系陈鼎铭教授

⑤理学院化学系葛毓桂教授

⑥理学院化学系雷瀚教授

⑦理学院化学系魏文悌教授

		①
		②
	③	④
⑤	⑥	⑦

（十一）理学院生物学系教授

①理学院生物学系主任张珽教授

②理学院生物学系高尚荫教授

③理学院生物学系何定杰教授

④理学院生物学系章蕴胎教授

⑤理学院生物学系钟心煊教授

①	
②	③
	④
⑤	

（十二）工学院土木工程学系教授

①工学院土木工程学系主任陆凤书教授

②工学院土木工程学系俞忽教授

③工学院土木工程学系余炽昌教授

④工学院土木工程学系丁人鲲教授

⑤工学院土木工程学系丁燮和教授

⑥工学院土木工程学系邢维棠教授

⑦工学院土木工程学系缪恩钊教授

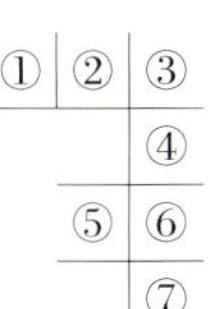

（十三）工学院机械工程学系

①	②	③
④		

①工学院机械工程学系主任郭霖教授

②工学院机械工程学系萨本炘教授

③工学院机械工程学系谭声乙教授

④工学院机械工程学系孙云霄教授

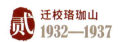

（十四）工学院电机工程学系

①|②

①工学院电机工程学系主任赵师梅教授

②工学院电机工程学系白郁筠教授

（十五）农学院教授

①|②

①农学院农艺系主任李先闻教授

②农学院农艺系李相符教授

4 学术论著

①②
③④

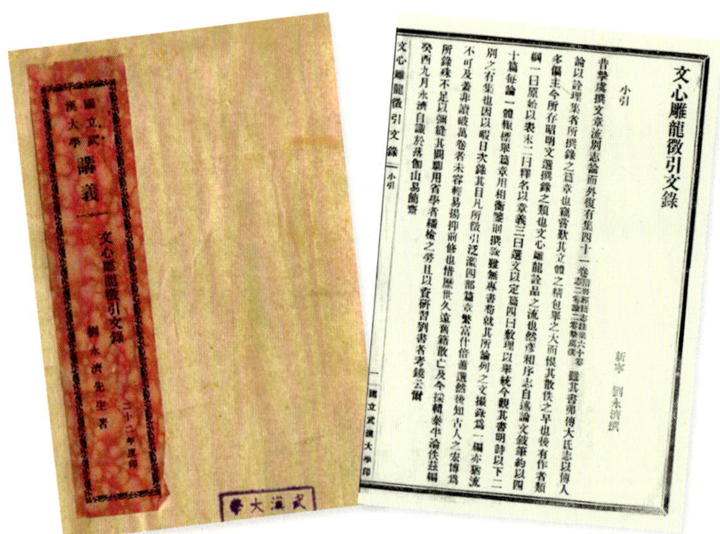

國立武漢大學講義
文心雕龍徵引文錄
劉永濟先生著
二十二年度印

文心雕龍徵引文錄

新寧 劉永濟撰

小引

昔摯虞撰文章流別志論而外復有集四十一卷雖其書弗傳大氏志以傳人論以詮理集者所撰錄之篇章也竊嘗歎其立體之精包舉之大而恨其散佚之早也後有作者類多偏主今所存昭明文選撰錄之類也文心雕龍詩品之流也然彥和序志自述論文敘筆約以四綱一曰原始以表末二曰釋名以章義三曰選文以定篇四曰敷理以舉統今觀其書明詩以下二十篇每論一體輒標舉篇章用相衡鑒則撰錄雖無專書猶就其所論列之文撮錄爲一編亦猶流別之有集也因以暇日次錄其目凡所徵引泛濫四部篇章繁富什倍蕭選然後知古人之宏博爲不可及而著非讀破萬卷者未容輕易揚抑前修也惜歷世久遠篇籍散亡及今採輯秦火論佚茲編所錄殊不足以彌縫其闕聊用省學者繙檢之勞且以資研習劉書者考鏡云爾

癸酉九月永濟自識於珞伽山易簡齋

文心雕龍徵引文錄 小引
國立武漢大學印

①②1933年文学院中文系刘永济教授撰著的讲义《文心雕龙征引文录》

③④1933年文学院中文系刘异教授撰著的讲义《经学概论》

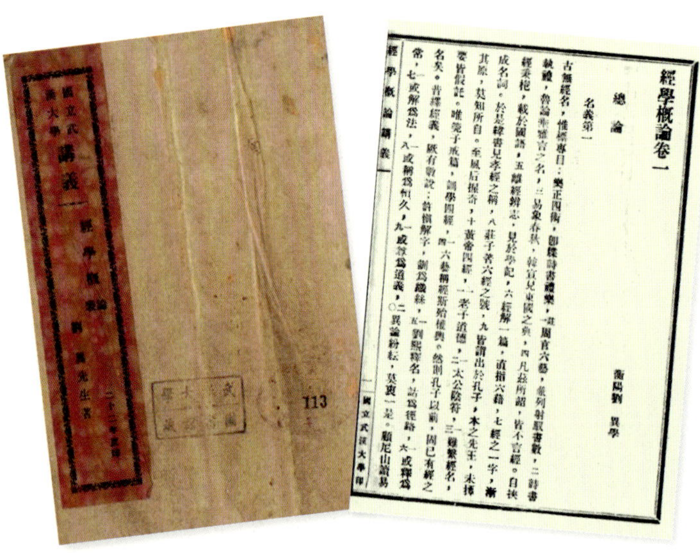

國立武漢大學講義
經學概論講義
劉異先生著
二十二年度印

經學概論卷一

衡陽劉 異學

總論

名義第一

古無經名，惟標專目：樂正四術，即禮詩書禮樂，一周官六藝，並列射馭書數，二詩書缺禮，魯論雅言之名，三易象春秋，韓宣見魯國之典，四凡茲所紹，皆不言經。自挾經秉枹，載於國語，五離經辨志，見於學記，六經解一篇，直指六籍，七經之一字，漸成名詞。於是緯書見孝經之稱，八莊子著六經之號，九皆謂出於孔子，本之先王，未揆其原，莫知所自。至風后握奇，十黃帝四經，一一老子道德，一二太公陰符，一三雜繫經名，要皆假託。唯荀子承篇，勸學困經，一四六藝稱經斯始權輿。然則孔子以前，固已有經之名矣。昔釋經義，歐有數說：許慎解字，訓爲織絲，一五劉熙釋名，詁爲徑路，一六或釋爲常，一七或解爲法，一八或稱爲恒久，一九或詮爲道義，二〇異論紛紜，莫衷一是。顧尼山諸易

經學概論講義
國立武漢大學印

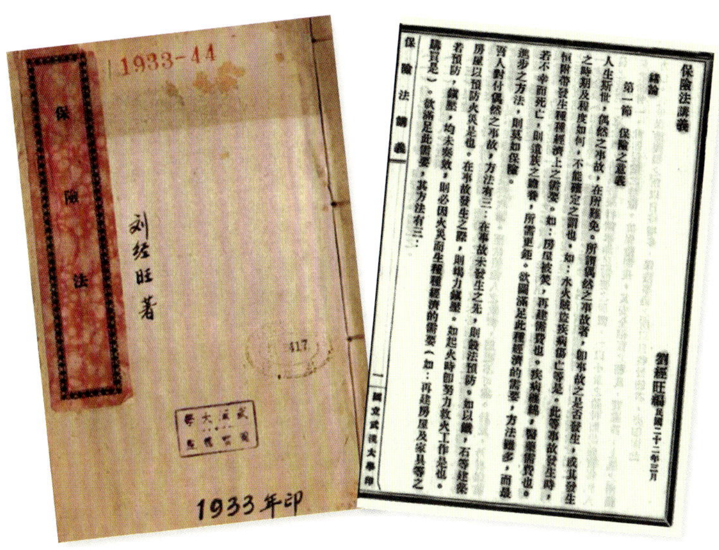

保險法講義

緒論　劉經旺編 民國二十二年三月

第一節　保險之意義

人生斯世，偶然之事故，在所難免。所謂偶然之事故者，即事故之是否發生，或其發生之時期及程度如何，不能確定之謂也。如：水火盜竊疾病傷亡等是。此等事故發生時，恆附帶發生種種經濟上之需要。如：房屋被焚，再建需費也。疾病纏綿，醫藥需費也。若不幸而死亡，則遺族之贍養，所需更鉅。欲圖滿足此種經濟的需要，方法雖多，而最進步之方法，則莫如保險。

吾人對付偶然之事故，方法有三：在事故未發生之先，則設法預防。如以鐵，石等建築房屋以預防火災是也。在事故發生之際，則竭力撲滅。如起火時即努力救火工作是也。若預防，撲滅，均未奏效，則必因火災而生種種經濟的需要（如：再建房屋及家具等之購置是）。欲滿足此需要，其方法有三：

保險法講義　一　國立武漢大學印

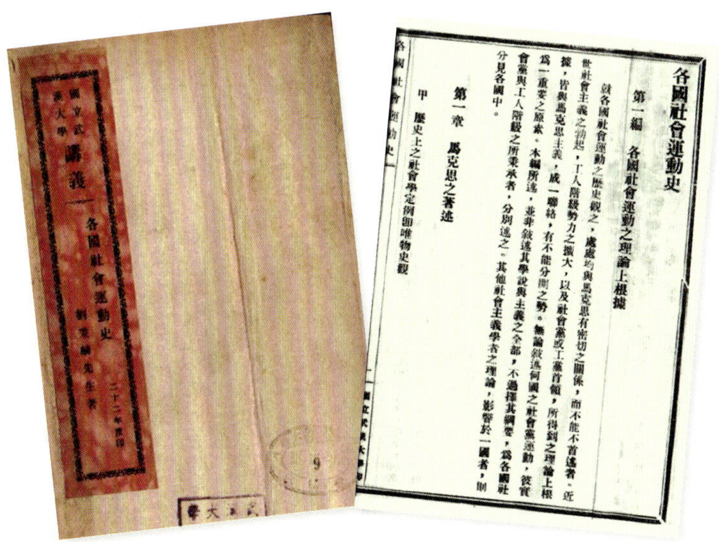

各國社會運動史

第一編　各國社會運動之理論上根據

就各國社會運動之歷史觀之，處處均與馬克思有密切之關係，而不能不首述者。近世社會主義之勃起，工人階級勢力之擴大，以及社會黨或工黨首領，所得到之理論上根據，皆與馬克思主義，成一聯絡，有不能分開之勢。無論敘述何國之社會黨運動，彼實為一重要之原素。本編所述，並非敘述其學說與主義之全部，不過擇其綱要，為各國社會黨與工人階級之所秉承者，分別述之。其他社會主義學者之理論，影響於一國者，則分見各國中。

第一章　馬克思之著述

甲　歷史上之社會學定例即唯物史觀

各國社會運動史　一　國立武漢大學印

①②1933年法学院法律系刘经旺教授撰著的讲义《保险法》

③④1933年法学院经济系刘秉麟教授撰著的讲义《各国社会运动史》

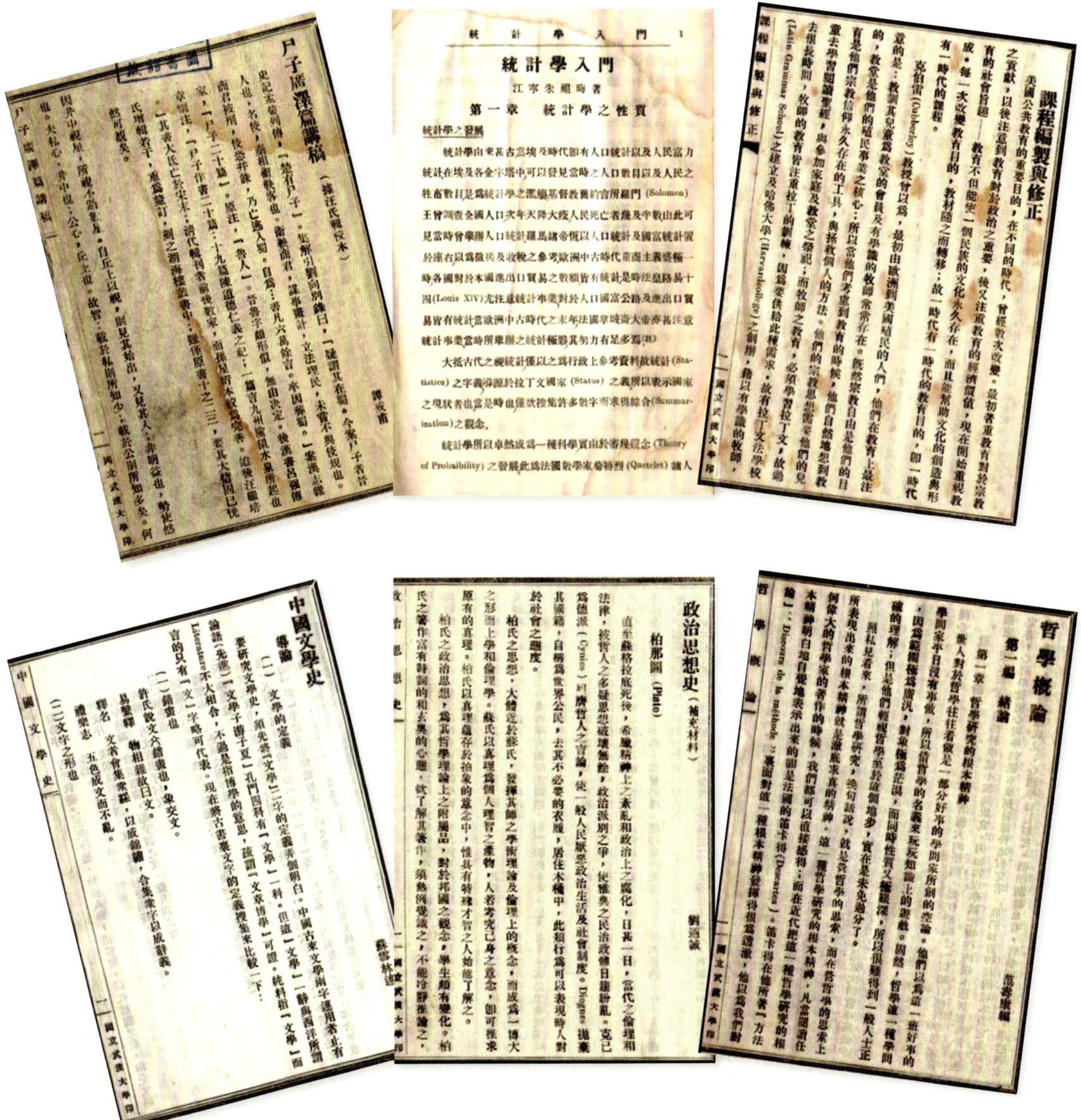

①1933年文学院史学系谭戒甫教授撰著的讲义《尸子广泽篇讲稿》

②1933年法学院经济系朱祖晦教授撰著的讲义《统计学入门》

③1933年文学院哲学教育系王凤岗教授撰著的讲义《课程编制与修正》

④1933年文学院中文系苏雪林讲师撰著的讲义《中国文学史》

⑤1933年法学院政治系刘廼诚教授撰著的讲义《政治思想史》

⑥1933年文学院哲学教育系范寿康教授编的讲义《哲学概论》

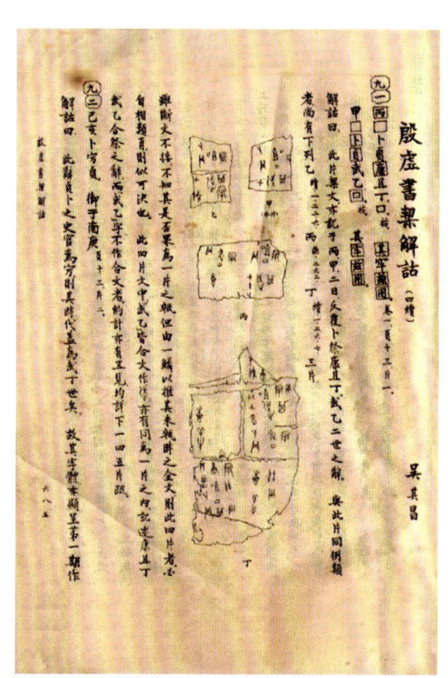

①1933年文学院史学系李剑农教授撰著的大学丛书《政治学概论》

②1934年文学院史学系吴其昌教授撰著的讲义《殷虚书契解诂》

③④1933年法学院法律系陶天南教授撰著的讲义《法律哲学》

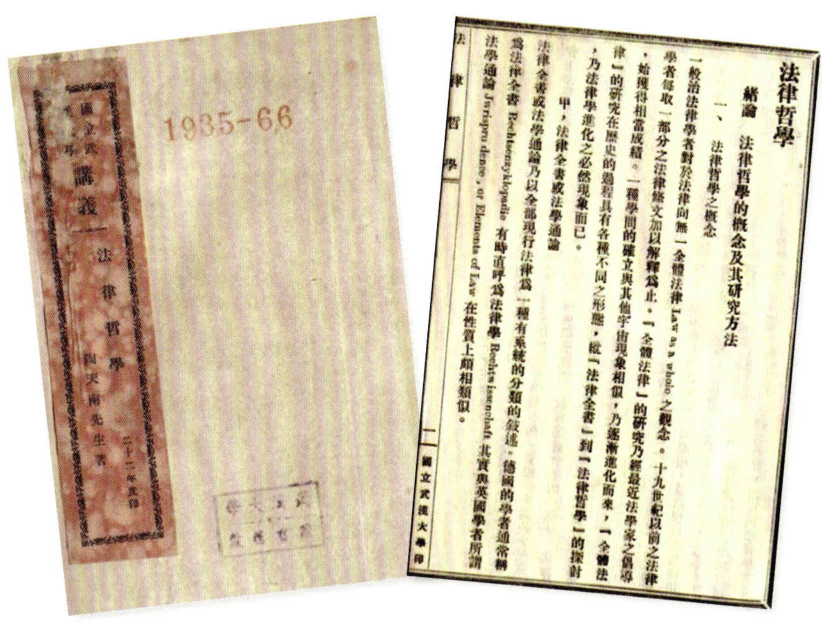

法律哲學

緒論 法律哲學的概念及其研究方法

一、法律哲學之概念

一般治法律學者對於法律向無「全體法律 Law as a whole」之觀念。十九世紀以前之法律學者每取一部分之法律條文加以解釋爲止。「全體法律」的研究乃經最近法學家之倡導，始獲得相當成績。一種學問的確立與其他宇宙現象相似，乃逐漸進化而來，「全體法律」的研究在歷史的過程具有各種不同之形態，從「法律全書」到「法律哲學」的探討，乃法律學進化之必然現象而已。

甲，法律全書或法學通論

法律全書或法學通論乃以全部現行法律爲一種有系統的分類的敍述。德國的學者通常稱爲法律全書 Rechtsencyklopädie 有時直呼爲法律學 Rechtswissenschaft 其實與英國學者所謂法學通論 Jurisprudence, or Elements of Law 在性質上頗相類似。

法律哲學 二 國立武漢大學

§1 **The logarithmic of Gunter scale.** It is possible to carry out logarithmic! calculations garphically. Since addition of logarithms corresponds to multiplication of numbers, we may find the logarithm of a product graphically by adding line-segments, whose lengths are equal to the logarithms of the factors.

But in order to do this, we must have some means for actually finding a line-segment whose length shall be equal to the logarithm of a given number.

Let us take a line-segment of convenient length, say 10 centimeters, as unit of length. In terms of this unit, the whole distance (10 centimeters = 100 millimeters) represents log 10, since the logarithm of 10 is equal to unity. If we count all distances from the left-hand end of the line, we mas label the right-hand end 10 to indicate that this distance represents log 10. The left-hand end will then be labeled 1, because log 1 = 0.

From the table of logarithms we have, to two decimal places,

(1) log 1 = 0.00, log 2 = 0.30, log 3 = 0.48, log 4 = 0.60, log 5 = 0.70, log 6 = 0.78, log 7 = 0.85, log 8 = 0.90, log 9 = 0.95, log 10 = 1.00,

We mark the points on our line-segment whose distances from the lef-thand end, measured in terms of the whole line as unit, are in order equal to log 2, log 3, log 4,....log 9, and label them 2, 3, 4,....9, respectively. If the whole line-segment is 10 centimeters long, these points will on account of (1), be at distances

1

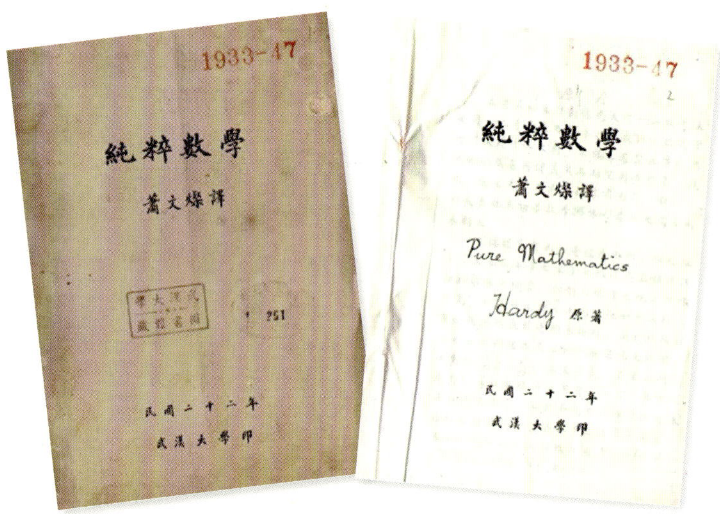

①②1933年理学院数学系程纶助教撰著的讲义《高等数学》

③④1933年理学院数学系萧文燦助教翻译的教材《纯粹数学》

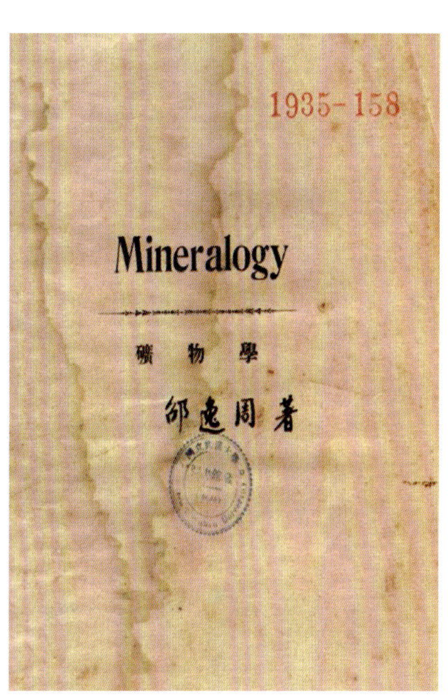

①1934年工学院土木工程系俞忽教授撰著的讲义《高等桥梁设计》

②1934年工学院土木工程系邵逸周教授撰著的讲义《矿物学》

③④1935年文学院外语系李儒勉教授编的讲义《基础英语》

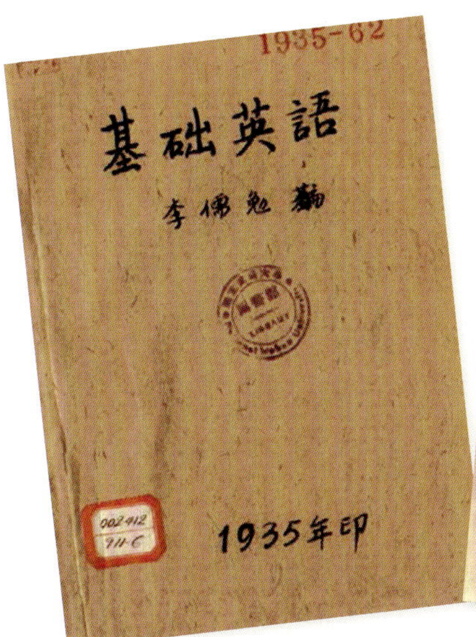

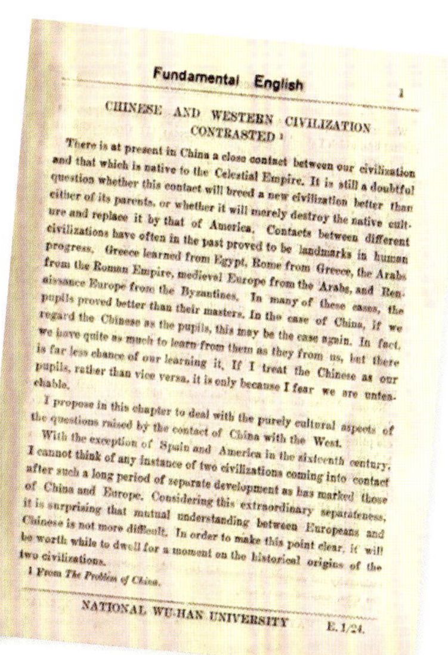

Fundamental English 1

CHINESE AND WESTERN CIVILIZATION CONTRASTED [1]

There is at present in China a close contact between our civilization and that which is native to the Celestial Empire. It is still a doubtful question whether this contact will breed a new civilization better than either of its parents, or whether it will merely destroy the native culture and replace it by that of America. Contacts between different civilizations have often in the past proved to be landmarks in human progress. Greece learned from Egypt, Rome from Greece, the Arabs from the Roman Empire, medieval Europe from the Arabs, and Renaissance Europe from the Byzantines. In many of these cases, the pupils proved better than their masters. In the case of China, if we regard the Chinese as the pupils, this may be the case again. In fact, we have quite as much to learn from them as they from us, but there is far less chance of our learning it. If I treat the Chinese as our pupils, rather than vice versa, it is only because I fear we are unteachable.

I propose in this chapter to deal with the purely cultural aspects of the questions raised by the contact of China with the West.

With the exception of Spain and America in the sixteenth century, I cannot think of any instance of two civilizations coming into contact after such a long period of separate development as has marked those of China and Europe. Considering this extraordinary separateness, it is surprising that mutual understanding between Europeans and Chinese is not more difficult. In order to make this point clear, it will be worth while to dwell for a moment on the historical origins of the two civilizations.

1 From *The Problem of China*.

NATIONAL WU-HAN UNIVERSITY E. 1/24.

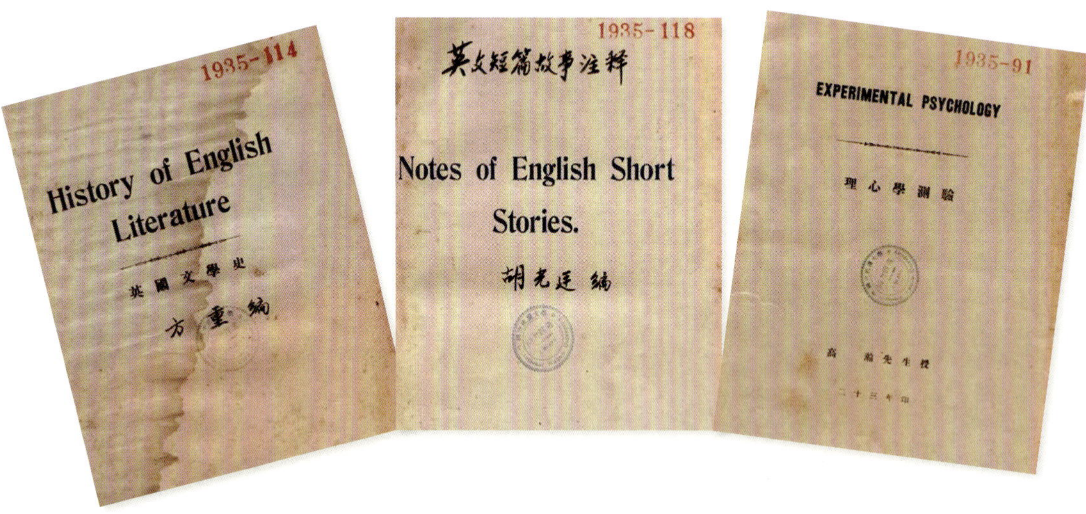

①	②	③
④	⑤	⑥

①1935年文学院外语系方重教授编的讲义《英国文学史》

②1935年文学院外语系胡光廷教授编的讲义《英文短篇故事注释》

③1934年文学院哲学教育系高瀚教授编的讲义《理心学测验》

④1935年文学院哲学教育系胡稼胎教授编的讲义《英文国学论著》

⑤1935年理学院数学系曾昭安教授撰著的讲义《平面曲线论》

⑥1935年理学院数学系吴维清教授撰著的讲义《微积分习题》

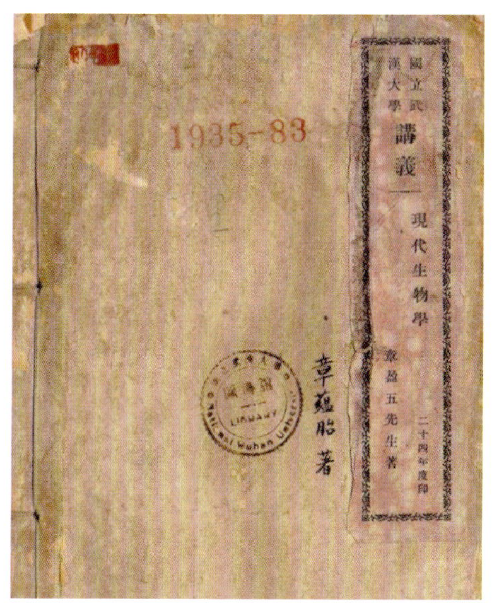

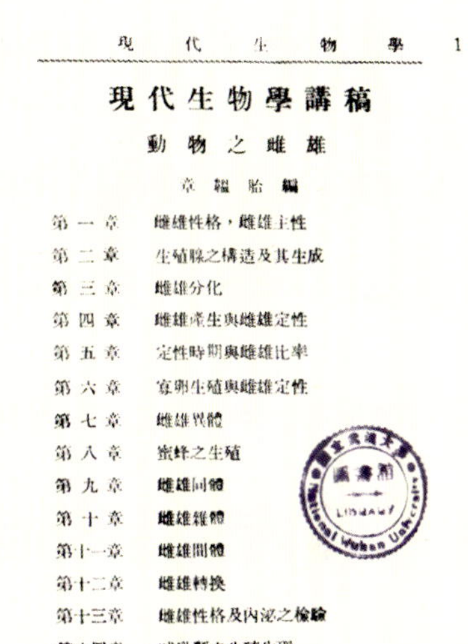

現代生物學 1

現代生物學講稿

動物之雌雄

章蘊胎編

第一章 雌雄性格，雌雄主性
第二章 生殖腺之構造及其生成
第三章 雌雄分化
第四章 雌雄產生與雌雄定性
第五章 定性時期與雌雄比率
第六章 寡卵生殖與雌雄定性
第七章 雌雄異體
第八章 蜜蜂之生殖
第九章 雌雄同體
第十章 雌雄雜體
第十一章 雌雄間體
第十二章 雌雄轉換
第十三章 雌雄性格及內泌之檢驗
第十四章 哺乳類之生殖生理

①	②
③	④

①②1935年理学院生物系章蕴胎教授撰著的教材《现代生物学》

③1934年理学院生物系汤佩松教授撰著的教材《生物化学》

④1935年理学院生物系叶雅各教授撰著的教材《生物环象学》

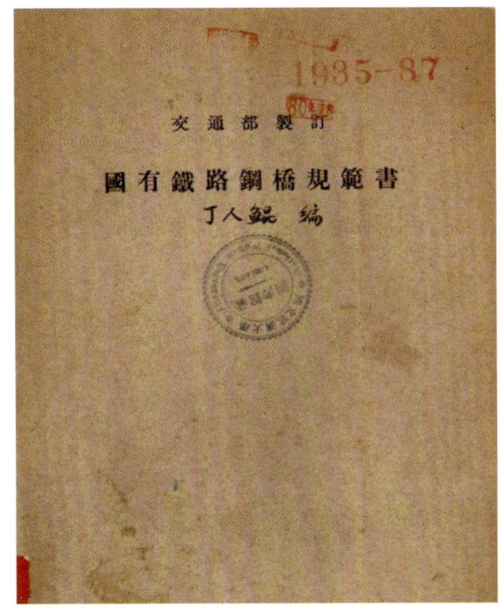

交通部製訂

國有鐵路鋼橋規範書

丁人鯤 编

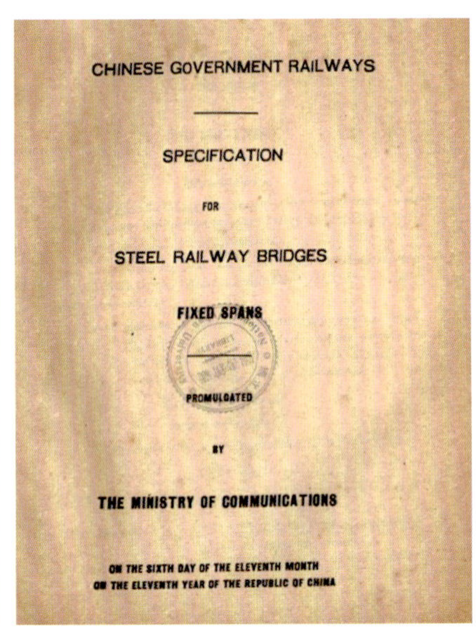
CHINESE GOVERNMENT RAILWAYS

SPECIFICATION

FOR

STEEL RAILWAY BRIDGES

FIXED SPANS

PROMULGATED

BY

THE MINISTRY OF COMMUNICATIONS

ON THE SIXTH DAY OF THE ELEVENTH MONTH
ON THE ELEVENTH YEAR OF THE REPUBLIC OF CHINA

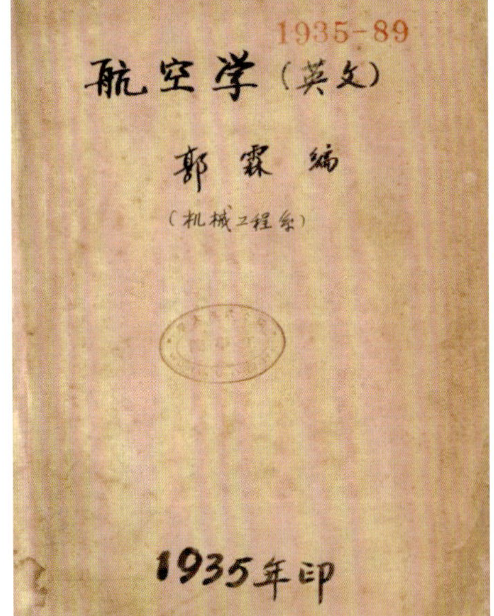

航空学（英文）

郭霖 编

（机械工程系）

1935年印

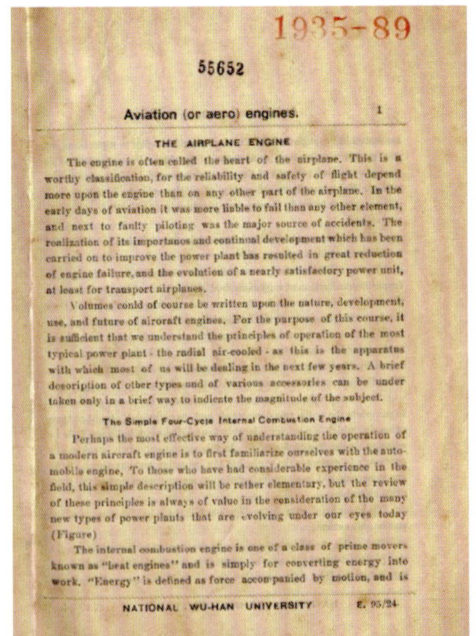

55652

Aviation (or aero) engines. 1

THE AIRPLANE ENGINE

The engine is often called the heart of the airplane. This is a worthy classification, for the reliability and safety of flight depend more upon the engine than on any other part of the airplane. In the early days of aviation it was more liable to fail than any other element, and next to faulty piloting was the major source of accidents. The realization of its importanos and continual development which has been carried on to improve the power plant has resulted in great reduction of engine failure, and the evolution of a nearly satisfactory power unit, at least for transport airplanes.

Volumes conld of course be written upon the nature, development, use, and future of airoraft engines. For the purpose of this course, it is sufficient that we understand the principles of operation of the most typical power plant - the radial air-cooled - as this is the apparatus with which most of us will be dealing in the next few years. A brief desoription of other types and of various accessories can be under taken only in a brief way to indicate the magnitude of the subject.

The Simple Four-Cycle Internal Combustion Engine

Perhaps the most effective way of understanding the operation of a modern aircraft engine is to first familiarize ourselves with the automobile engine, To those who have had considerable experience in the field, this simple description will be rether elementary, but the review of these principles is always of value in the consideration of the many new types of power plants that are evolving under our eyes today (Figure)

The internal combustion engine is one of a class of prime movers known as "heat engines" and is simply for converting energy into work. "Energy" is defined as force accompanied by motion, and is

NATIONAL WU-HAN UNIVERSITY E. 95/24

①②1935年工学院土木工程系丁人鯤教授编的讲义《国有铁路钢桥规范书》

③④1935年工学院机械工程系郭霖教授编的讲义《航空学(英文)》

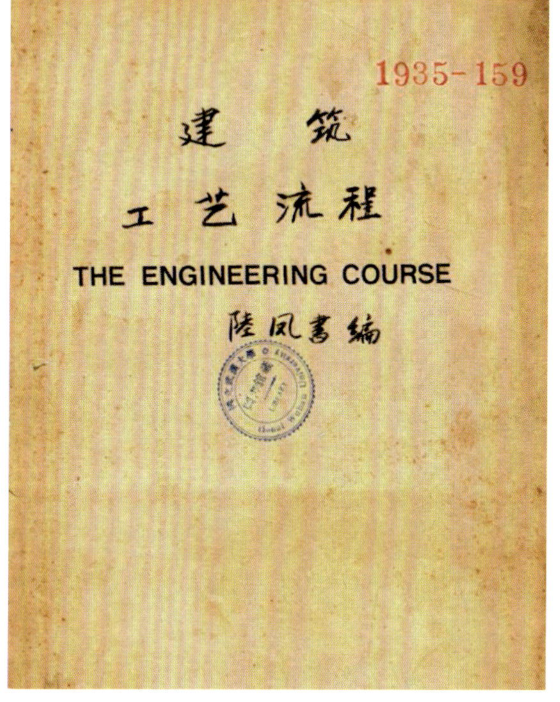

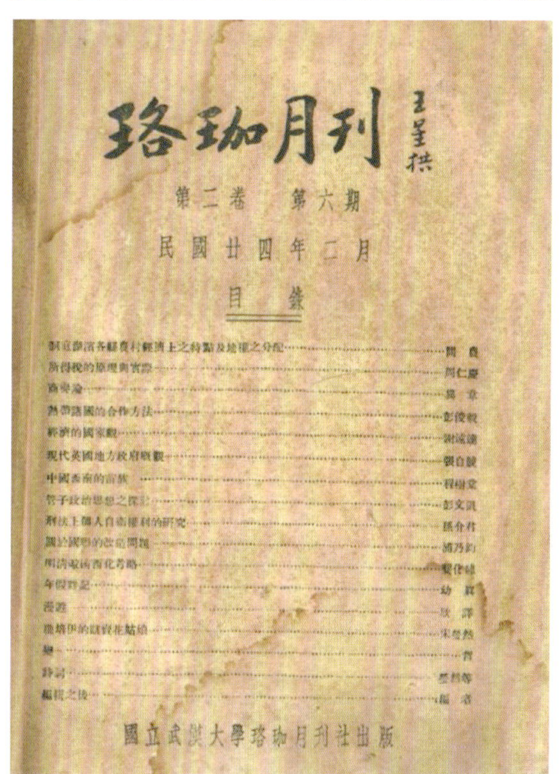

①
②

①1935年工学院土木工程系陆凤书教授编的讲义《建筑工艺流程》

②1935年学校出版发行的学术刊物《珞珈月刊》

5 文化建设

①|②

級訓

國家與個人均須
有自立的能力

王星拱

共通校訓

禮義廉恥

校訓

明誠弘毅

①1935届学生的级训（王星拱校长题）

②王星拱校长任期内主持制定的校训，刊行于1939年出版的《国立武汉大学一览》

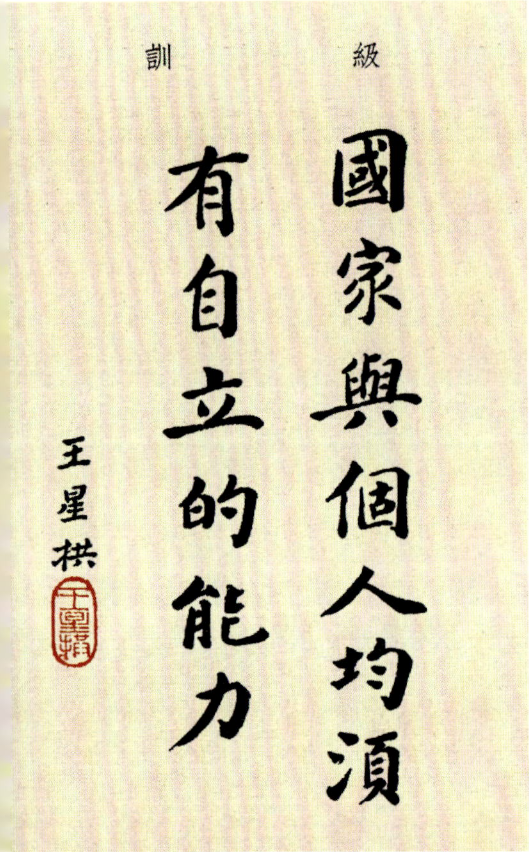

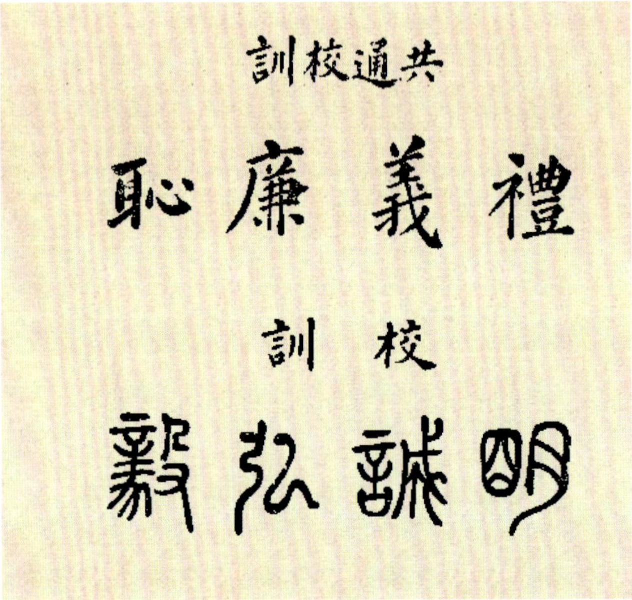

級　旗

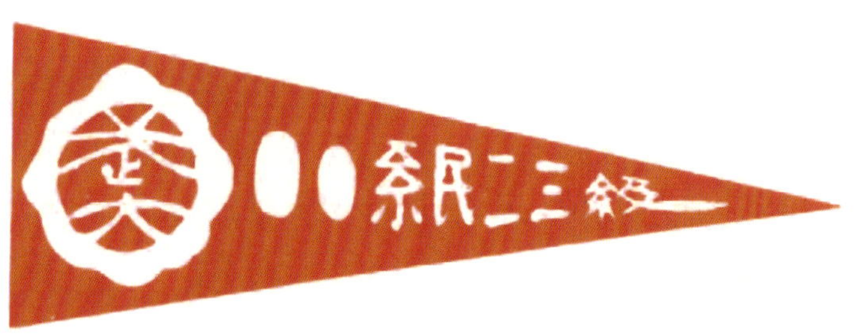

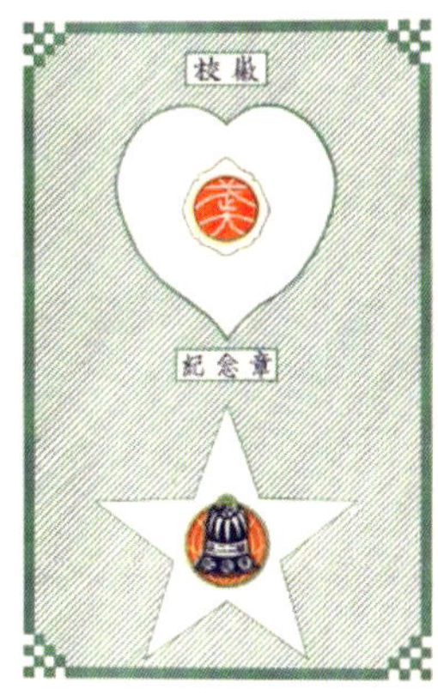

級　徽

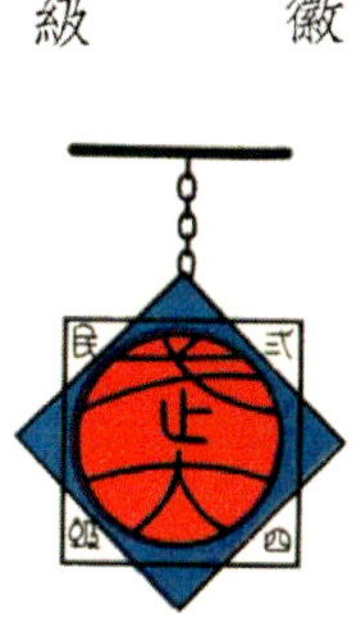

①由闻一多1930年主持制定，1931年确定的国立武汉大学校徽

②1934届学生的级旗

③1933届毕业生设计的纪念章

④1935届学生的级徽

⑤私立东湖中学（实际上的国立武汉大学附属中学）的校徽

民二三級級歌

嚴恩紋作歌

D調 4/4 5－6 6 | 5· 3 1 | i－7 6 | 5-6－|

湖天慧 日融融 歲華喜 相共

4—5 5 | 3－3 ♯4 | 5－♯4－| 3－0 |

舞雞鳴 焚膏火 挹 清 風

4－3 2 | 3－3 5 | i 7 6 ♯5 | 6－5－|

不轉于 物罔汩 于中君子 養源

i－7 6 | 5－5 4 | 3—2－| 1－0 |

惟是是 架级訓 垂 無 窮

1934届学生的级歌

級歌（三部合唱）

饒墀 蘇令 林蘭 合作

Andante

覽嵐影兮 青 青 聳 素 波兮 冷 冷 唯山川之
時進德以 修 業 兼 擇 善而 日 新 立志在於

靈 秀 桃 李 成 陰 桃 李 成 陰 或 樂水以見智 樂水 以見智 或
兆 民 行 始 一 身 行 始 一 身 願 我級之級友 我級 之級友 為

樂山以見仁 樂山 以 見 仁 常 靜 觀 而 自 得 抱 素 餐 真 抱
社會之完人 社會 之 完 人 共 此 湖 光 山 色 千 載 長 春 千

1.

素 餐 真
載 長 春

2.

1935届学生的级歌

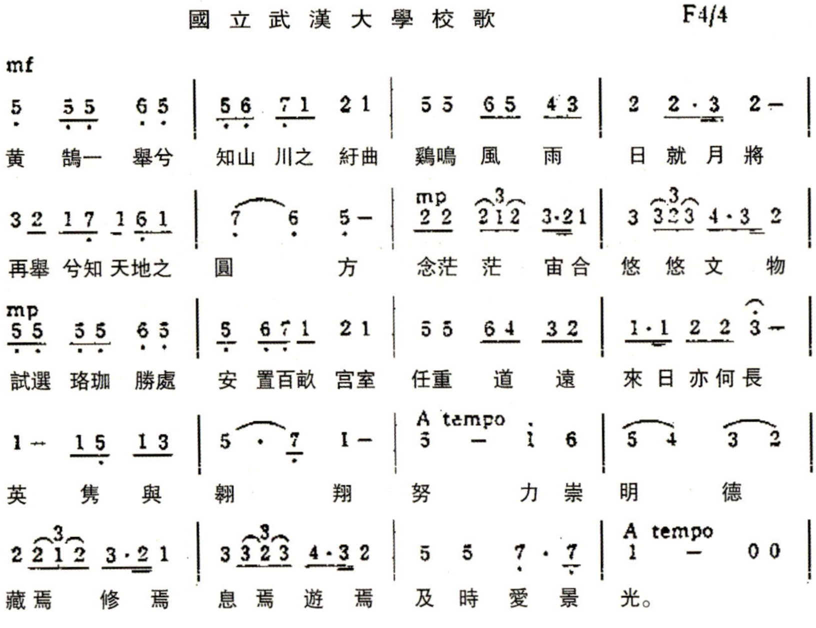

國立武漢大學校歌　　F4/4

mf

5 55 65 | 56 71 21 | 55 65 43 | 2 2·3 2− |

黄 鵠一 舉兮 知山 川之 紆曲 鶏鳴 風 雨 日 就 月 將

32 17 161 | 7 6 5− | mp 22 212 3·21 | 3 323 4·3 2 |

再舉 兮知 天地之 圓 方 念茫 茫 宙合 悠 悠 文 物

mp

55 55 65 | 5 671 21 | 55 64 32 | 1·1 22 3− |

試選 珞珈 勝處 安 置百畝 宮室 任重 道 遠 來日 亦何長

1− 15 13 | 5· 7 1− | A tempo 5 − i 6 | 5 4 3 2 |

英 隽 與 翱 翔 努 力 崇 明 德

2 212 3·21 | 3 323 4·32 | 5 5 7·7 | A tempo 1 − 00 |

藏焉 修 焉 息 焉 遊 焉 及 時 爱 景 光。

国立武汉大学校歌

黄鹄一举兮
知山川之纡曲
鸡鸣风雨
日就月将
再举兮
知天地之圆方
念茫茫宙合
悠悠文物
试选珞珈胜处
安置百亩宫室
任重道远
来日亦何长
英隽与翱翔
努力崇明德
藏焉修焉息焉游焉
及时爱景光

1939年制作完成的国立武汉大学校歌

6 桃李芬芳

1932年国立武汉大学第一届毕业生在田径场合影

①1932年国立武汉大学文学院中文系第一届毕业生在男生宿舍合影

②1932年国立武汉大学文学院外文系第一届毕业生在文学院楼前合影

③1932年迁往珞珈山新校舍的文学院中文系学生合影

①1932年国立武汉大学法学院政治系第一届毕业生在男生宿舍楼顶合影

②1932年国立武汉大学法学院经济系第一届毕业生在文学院楼前合影

③1932年迁往珞珈山新校舍的文学院外文系学生合影

①
②③

①1932年迁往珞珈山新校舍的文学院哲学教育系学生合影

②1932年国立武汉大学理学院数学系第一届毕业生在校内合影

③1932年国立武汉大学理学院化学系第一届毕业生在侧船山东北角合影

①1932年迁往珞珈山新校舍的文学院史学系学生合影

②1932年迁往珞珈山新校舍的法学院法律系学生合影

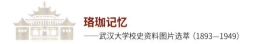

①1932年迁往珞珈山新校舍的法学院政治系学生合影

②1932年迁往珞珈山新校舍的法学院商学系学生合影

③1932年迁往珞珈山新校舍的理学院数学系学生合影

①
②

①1932年迁往珞珈山新校舍的法学院经济系学生合影

②1932年迁往珞珈山新校舍的理学院物理系学生合影

①1932年迁往珞珈山新校舍的理学院化学系学生合影

②1932年迁往珞珈山新校舍的理学院生物系学生合影

①1932年迁往珞珈山新校舍的全校女学生合影

②1933年工学院土木工程系第一届毕业生合影

③1932年迁往珞珈山新校舍的工学院土木工程系学生合影

④1933年全体毕业生合影

	①	②	
③	④	⑤	⑥
	⑦	⑧	

①1932年经济系毕业生韩家学，后任上海水产大学教授。

②1932年政治系毕业生曹绍濂，后任湖南大学、武汉大学教授。

③1933年数学系毕业生吴亲仁，后任武汉大学数学系教授。

④1933年生物系毕业生孙祥钟，后任武汉大学生物系教授。

⑤1934年史学系毕业生陆维亚，后留校任教。

⑥1934年经济系毕业生张培刚，后任武汉大学教授，院系调整后到华中工学院。

⑦1934年经济系毕业生汤商皓，留日后回校任教，抗战时期的珞珈山校区护校人之一。

⑧1934年数学系毕业生熊全淹，后任武汉大学数学系教授。

	①	②	
③	④	⑤	⑥
	⑦	⑧	

①1934年物理系毕业生周如松，后任武汉大学物理系教授。

②1934年物理系毕业生毕长林，后任武汉大学物理系教授。

③1934年生物系毕业生萧杰，后留校任教。

④1934年土木工程系毕业生涂卓如，后留校任教。

⑤1935年哲学教育系毕业生刘佛年，后任华东师范大学教授、校长。

⑥1935年政治系毕业生杨鸿年，后任武汉大学法律系教授。

⑦1935年生物系毕业生余先觉，后任武汉大学生物系教授。

⑧1935年土木工程系毕业生方宗岱，著名泥沙专家，新中国泥沙科学事业的创始人之一。

畢業證書
學生湯春庭係江西省永新縣人現年
二十七歲在本校文學院中國文學
系修業期滿成績及格准予畢業此證
國立武漢大學校長 王世杰
文學院院長 陳源
中華民國二十一年七月 日

①	④
② ③	⑤

①1932年王世杰校长签发的学生毕业证书

②③1934年毕业生刘陈列（左）郇玉田（右）获全校英语演讲比赛优胜奖

④⑤1934年5月19日晚，毕业生在学校礼堂举行联谊活动

①
②

①1934年学校的篮球队合影

②1934年参加学校春季运动会的女生运动员合影

①

①1934年排球比赛优胜队工学院队合影

②1934年学校的排球队合影

③1934年学校的足球队合影

①1934年学校的网球队合影

②1934年，学生创办的工友夜校全体师生合影

①	②	③
④	⑤	⑥

①学生参加军训活动，1935年拍摄制作

②学生的日常生活，1935年拍摄制作

③学生的学习生活，1935年拍摄制作

④⑤⑥学生参加体育活动，1935年拍摄制作

①②学生的日常生活，1935年拍摄制作

③学生到东湖郊游，1935年拍摄制作

7 大美黉宫

①
②

①1931年9月建成的一区教授住宅（又名“十八栋”）

②1930年9月建成的学校建筑设备委员会会所（又名“听松庐”，位于珞珈山庄东侧）

①
②
③

①1934年前在武昌街道口落成的国立武汉大学木制校门牌坊（后遭损毁）

②1936年秋在武昌街道口重建的国立武汉大学校门牌坊

③1931年7月建成的工学院实习工厂（位于侧船山南侧）

①
②
③

①1929年10月建成的珞珈石屋（位于半山庐东面）

②1931年9月建成的合作社、邮局及医院

③1931年9月建成的武汉大学文学院大楼

①
②
③

①1931年9月建成的男生宿舍（老斋舍）顶层阁楼，当时为教师休息室

②1931年9月建成的男生宿舍（老斋舍）天井

③1931年9月建成的男生宿舍（老斋舍）

①1931年9月建成的学生饭厅及礼堂（一楼为饭厅，二楼为礼堂）

②1931年9月建成的自动电话总机房

③1931年9月建成的礼堂内景

④1931年10月建成的学校运动场

① ② ③
④

①1932年前建成的狮子山建筑群（礼堂、饭厅、男生宿舍、文学院楼及理学院楼）
②1931年10月建成的校内公共汽车站
③1931年12月建成的武汉大学附属小学
④1933年1月建成的女生宿舍（又名“蝶宫”）
⑤1933年建成的教员宿舍(又名“半山庐”)

①
②
③

①1931年11月前建成的武汉大学理学院

②1933年前建成的化学实验室

③1930年建成的大学路

①1933年前建成的理学院无线电实验室

②1933年前建成的植物标本室

③1933年前建成的材料实验室

④1933年前建成的动物标本室

①
②
③

①1932年建成的二区教职员住宅

②1933年前建成的水力实验室

③1933年前建成的动力实验室

①
②

①1933年前建成的金工实验室

②1933年建成的煤气厂

①1933年前建成的测量仪器室

②1933年前建成的仪器修理室

③煤气厂的蒸馏炉

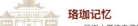

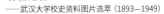

①1933年前建成的东湖露天游泳池

②印刷所正在印刷产品

③1933年前建成的印刷所铸字机和印刷机

④印刷所的中西文检字房

⑤1935年建成的私立东湖中学（国立武汉大学附属中学）全景（今武汉大学第一附属小学处）

①③
②④
⑤

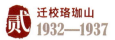

① ② ③

①1936年拍摄的狮子山建筑群

②1935年即将竣工的图书馆

③1936年拍摄的男生宿舍及校前路（今樱花大道）

①
②
③

①1936年1月竣工的工学院楼，1948年拍摄

②1934年拍摄的校前大道

③学校木制牌坊前一景，1935年拍摄

①
②
③

①1937年开工兴建的农学院（雅各楼），1947年竣工，1948年拍摄

②男生宿舍一景，1933年拍摄

③文学院一角，1935年拍摄

①理学院一侧，1933年拍摄

②理学院雪景，1935年拍摄

烽火乐山路

1937 年 **7** 月

抗日战争全面爆发，国土不断沦陷。

1938 年初

武汉形势危急。值此紧要关头，国立武汉大学于2月21日召开第三二二次校务会议，商议迁校事宜，决定迁至四川乐山（古称嘉定，又名嘉州）。

1938 年 **3** 月

国立武汉大学部分教职员工与一、二、三年级学生共600余人分批乘船溯江而上，几经辗转，抵达乐山。4月29日，国立武汉大学师生正式在乐山复课。迁川分部暂定名为“国立武汉大学嘉定分部”。至7月，珞珈山本部的教职员工随王星拱校长抵达乐山。“嘉定分部”易名为“国立武汉大学”。

抗战期间，珞珈山校舍被日军作为侵华司令部中原分部和日军野战医院本部占用。

1939 年 **8** 月 **19** 日

日寇空袭乐山，7000余名无辜百姓丧生，武大师生有数十人遇难。

1938—1946

1938—1946 年“乐山时期”，国立武汉大学共设有文、法、理、工四大学院及十五个学系。学校行政办公楼及文学院、法学院、图书馆、大礼堂等均设在乐山文庙，时称“第一校舍”；工学院及实习工厂设在高西门外的三育学校(今乐山师范学院校园内)，时称“第二校舍”；理学院设在高西门外的李公祠，时称“第三校舍”；教职员及学生宿舍则分散在城内外各处。

八载磨难，国立武汉大学锻造了学术至上、教育救国，自由民主、兼容并包，自强不息、励精图治，造福乡邦、服务社会的“乐山精神”。

1945 年 8 月

日寇投降。

1945 年 9 月 1 日

学校成立武汉大学复校委员会。

1946 年 10 月 31 日

复员的师生在珞珈山学校礼堂举行了开学典礼。

1 西迁续脉

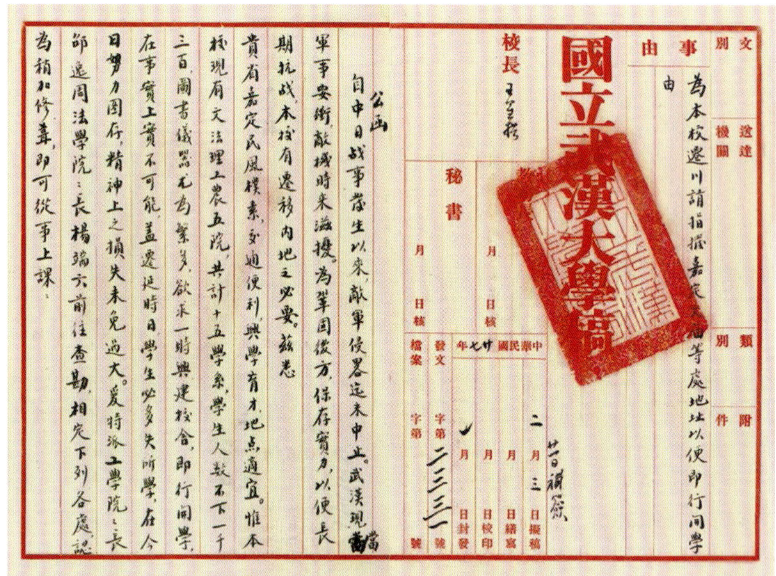
事由：為本校遷川請指撥嘉定文廟等處地址以便即行開學由

校長 王星拱

秘書

中華民國廿七年 二月三日擬稿

公函

自中日戰事發生以來，敵軍侵略迄未中止。武漢現當軍事要衝，敵機時來滋擾，為舉國儲才，保存實力，以便長期抗戰，本校有遷移內地之必要。茲悉貴省嘉定民風樸素，交通便利，興學育才，地點適宜。惟本校現有文法理工農五院，共計十五學系，學生人數不下一千三百，圖書儀器尤為繁多，欲求一時興建校舍，即行開學，在事實上實不可能，並遷延時日，學生必多失所學，在今日努力國防，精神上之損失未免過大。爰特派工學院院長邵逸周、法學院院長楊端六前往查勘，相定下列各處，認為稍加修葺，即可從事上課，

①经过考察，国立武汉大学于1938年2月3日致函四川省政府，请求将乐山文庙等处拨为校舍。图为函件节选。

④1938年1月，武汉大学派法学院院长杨端六和工学院院长、建筑设备委员会委员长邵逸周前往四川乐山（古称嘉定）查勘校址。图为国立武汉大学内迁时的乐山城。

① ② ③
④

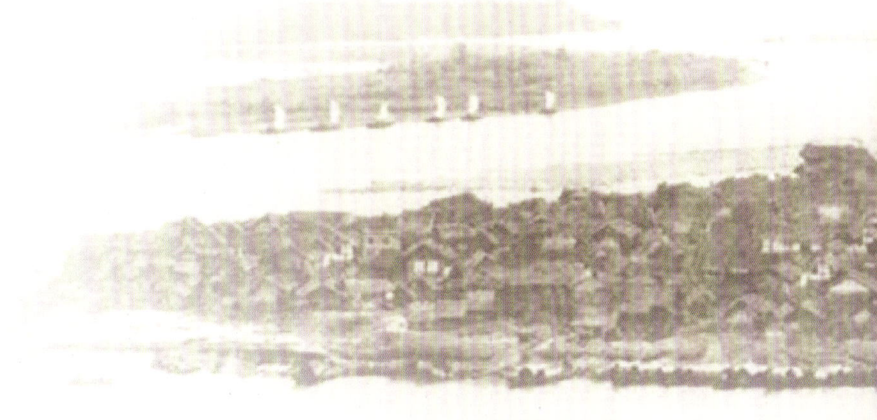

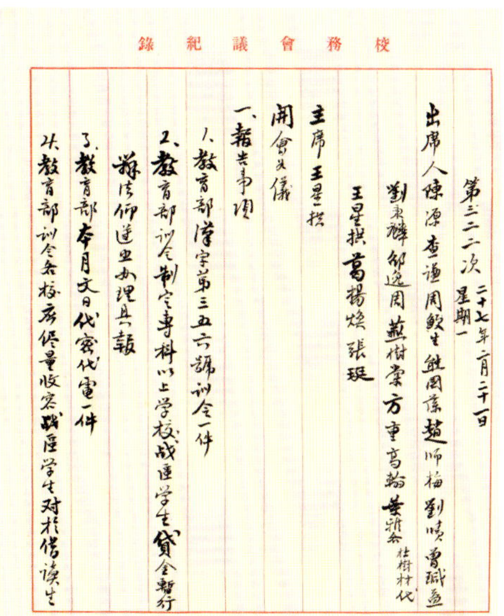

校務會議紀錄

第三二二次 二十七年二月二十一日 星期一

出席人 陳源 查謙 周鯁生 [illegible] 趙師梅 劉[illegible] 曾昭掄 劉秉麟 邵逸周 燕樹棠 方重 高翰 [illegible] 杜樹材代 王星拱 葛揚煥 張珽

主席 王星拱

開會如儀

一、報告事項

1. 教育部[illegible]第三五六號訓令一件

2. 教育部訓令制定專科以上學校戰區學生貸金暫行辦法仰遵照辦理具報

3. 教育部本月文日代電一件

4. 教育部訓令各校應儘量收容戰區學生對於借讀生

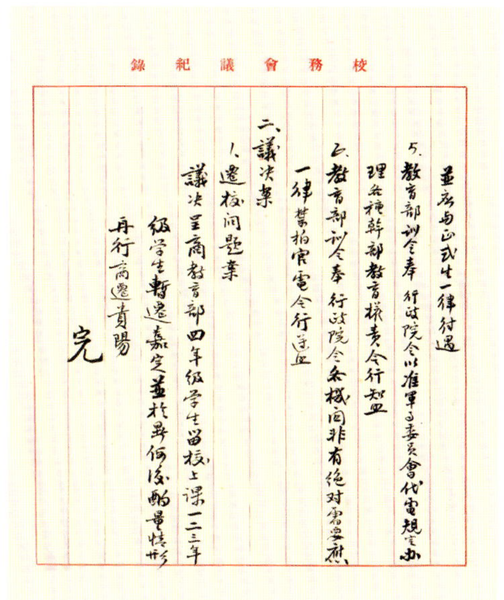

校務會議紀錄

[illegible]一律待遇

5. 教育部訓令奉行政院令以准軍事委員會代電規定[illegible]理各種幹部教育[illegible]

6. 教育部訓令奉行政院令各機關非有絕對需要[illegible]一律禁拍密電令行遵照

二、議決案

1. 遷校問題案

議決 呈商教育部四年級學生留校上課一二三年級學生暫遷嘉定並於暑假後酌量情形再行商遷貴陽

完

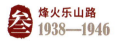

②③1938年2月21日，国立武汉大学第三二二次校务会议议决：“呈商教育部四年级学生留校上课，一、二、三年级学生暂迁嘉定，并于暑假后酌量情形，再行商迁贵阳。”

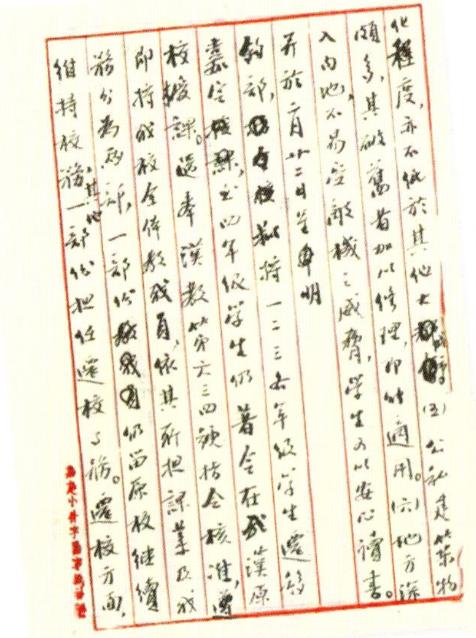

化程度，亦不低於其他大都市。（五）公私建築物頗多，其破舊者加以修理，即可適用。（六）地方深入內地，不易受敵機之威脅，學生可以安心讀書。于於二月廿二日呈奉明鈞部[illegible]准將一二三年級學生遷移嘉定[illegible]，其四年級學生仍著令在武漢原校授課。遂奉漢教字第六三四號指令核准，遵即將本校全體教職員，依其所担課業及職務分為兩部，一部份教職員仍留原校繼續維持校務，其他一部份担任遷校事務。遷校方面，

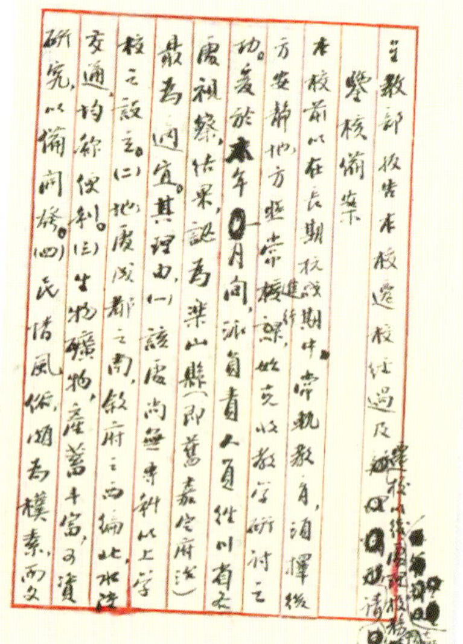

呈教部 報告本校遷校經過及[illegible]

本校前以在長期抗戰期中，常軌教育，須擇較後方安靜地方，繼續進行，始克收教學研討之功。爰於本年一月間，派員前往川省各處視察結果，認為樂山縣（即舊嘉定府治）最為適宜。其理由：（一）該處尚無專科以上學校之設立。（二）地處成都之南，敘府之西，據此水陸交通均稱便利。（三）生物礦物，產蓄豐富，可資研究，以備開發。（四）民情風俗，尚為樸素，而文

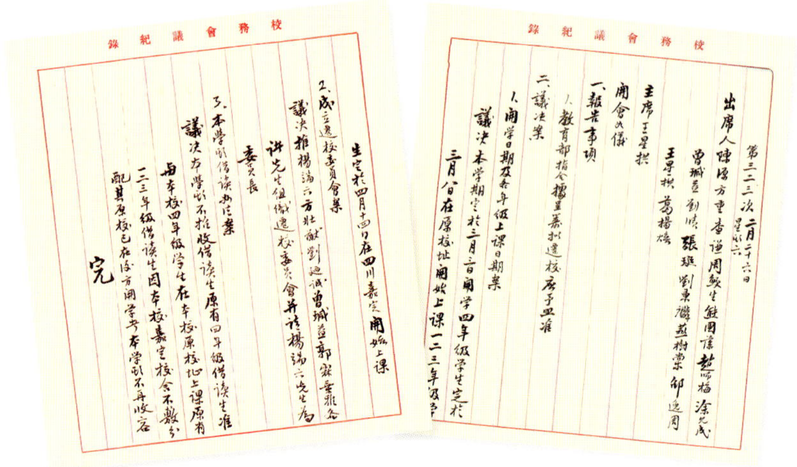

校務會議紀錄

第三二三次 二月二十六日 星期六

出席人 陳源 方重 查謙 周鯁生 [illegible] 趙師梅 涂允成 曾昭掄 劉儁 張珽 劉秉麟 [illegible] 邵逸周 王星拱 葛揚煥

主席 王星拱

開會如儀

一、報告事項

1. 教育部指令擬呈嘉擬遷校應予照准

二、議決案

1. 開學日期及各年級上課日期案

議決 本學期定於三月二十一日開學，四年級學生定於三月二十八日在原校址開始上課，一二三年級學生定於四月十四日在四川嘉定開始上課

2. 成立遷校委員會案

議決 推楊端六、方壯猷、劉廼誠、曾昭掄、郭霖、[illegible]各先生組織遷校委員會，并推楊端六先生為委員長

3. 本學期借讀生收容案

議決 本學期不招收借讀生，原有四年級借讀生准由本校四年級學生在本校原校址上課，原有一二三年級借讀生因本校嘉定校舍不敷分配，其原校已在後方開學者，本學期不再收容

完

①②国立武汉大学向教育部呈报迁校乐山的主要理由（底稿）

③④国立武汉大学第三二三次校务会议记录

①|②
③

①武大学生陆秀丽（右）、唐良桐（左）在乘“民贵”轮入川途中。

②乐山时期，男生在国立武汉大学校门前合影。

③1938年4月，国立武汉大学师生正式在乐山复课。迁川分部暂定名为“国立武汉大学嘉定分部”。

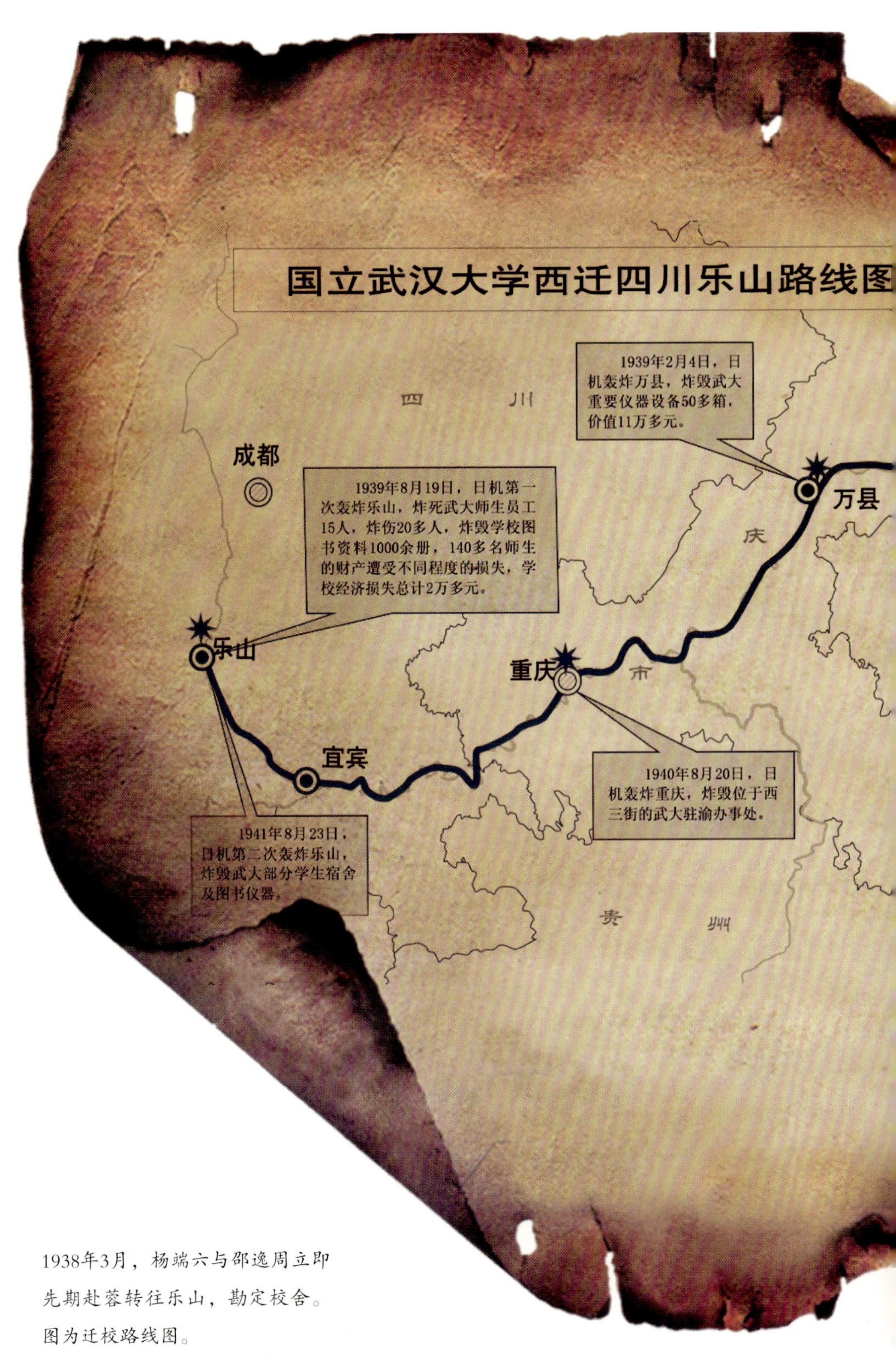
国立武汉大学西迁四川乐山路线图
1939年2月4日，日机轰炸万县，炸毁武大重要仪器设备50多箱，价值11万多元。
四
川
成都
1939年8月19日，日机第一次轰炸乐山，炸死武大师生员工15人，炸伤20多人，炸毁学校图书资料1000余册，140多名师生的财产遭受不同程度的损失，学校经济损失总计2万多元。
万县
庆
乐山
重庆
市
宜宾
1940年8月20日，日机轰炸重庆，炸毁位于西三街的武大驻渝办事处。
1941年8月23日，日机第二次轰炸乐山，炸毁武大部分学生宿舍及图书仪器。
贵
州

1938年3月，杨端六与邵逸周立即先期赴蓉转往乐山，勘定校舍。图为迁校路线图。

1938年11月17日，日机轰炸宜昌五龙，炸毁武大迁校物品共143箱，价值14万多元。
1940年3月4日，日军将武汉大学迁校时存放在汉口特二区英商怡和栈房（新泰堆栈）的810箱总价值41万多元的图书仪器设备全部劫走。
湖
北
巴东
宜昌
汉口
武汉
武昌
1938年12月30日，武迁校船只在巴东青竹标触沉没，损失图书仪器品10万多元。
1938年10月至1945年9月，日军侵占武汉大学珞珈山校园，其间肆意掠夺和损毁武大校舍建筑及图书仪器设备，并于1941年4月在武昌青龙巷杀害武大护校工友3人。
湖
南
图例
西迁时人员、物资路线
遭受日军轰炸、屠杀、破坏及其他间接损失的地点
长沙
江西

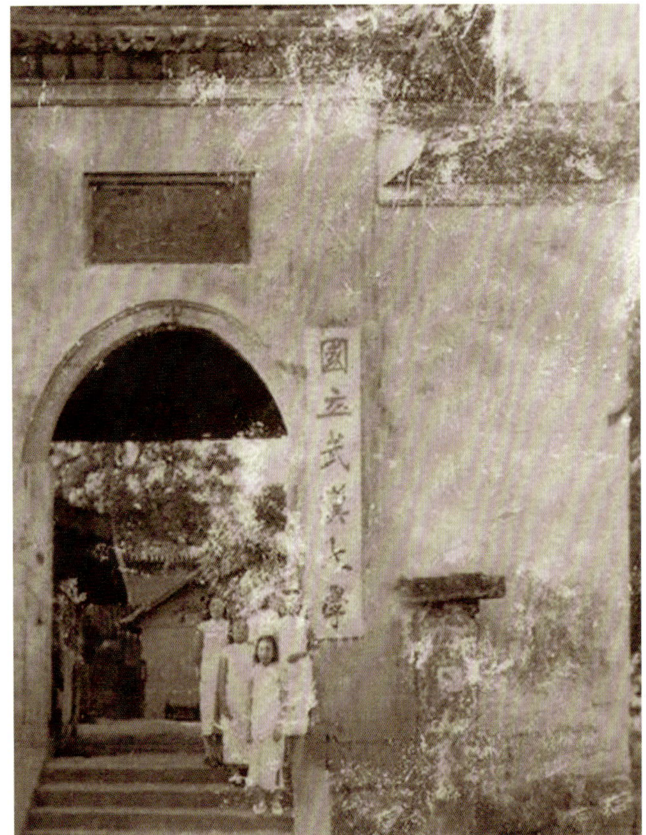

①
②

①1938年7月，珞珈山本部的教职员工随王星拱校长抵达乐山。“国立武汉大学嘉定分部”易名为“国立武汉大学”。

②乐山时期，女生在国立武汉大学校门（文庙的侧门）前合影。

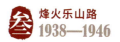

2 乐山办学

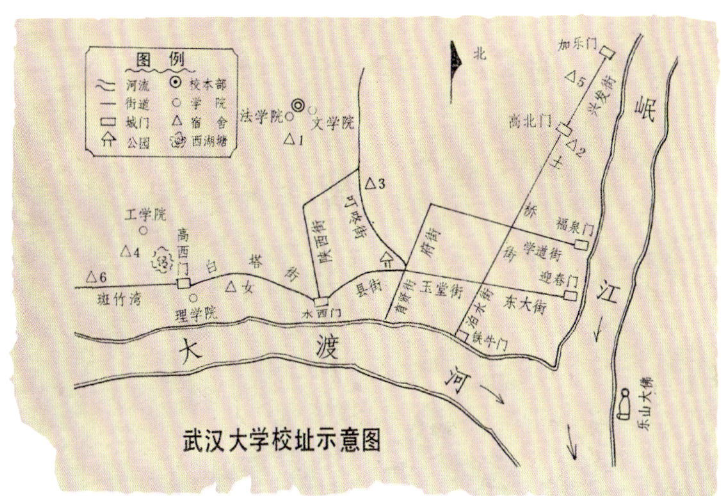

①
②
③

①乐山时期国立武汉大学校址分布示意图

②乐山时期国立武汉大学校本部（文庙）

③乐山时期国立武汉大学校门牌坊（文庙棂星门），右书“德配天地”，左书“道贯古今”

①③
②④

①②乐山时期国立武汉大学图书馆（文庙的大成殿）

③乐山时期国立武汉大学文学院（文庙大成殿左边的崇文阁）

④乐山时期国立武汉大学法学院（文庙大成殿左边的尊经阁）

① | ②
③

①乐山时期国立武汉大学校长办公室（文庙大成殿后面的崇圣祠，两位校长王星拱、周鲠生，以及教务长、训导长、总务长等曾在此办公）

②乐山时期国立武汉大学大礼堂（位于崇圣祠后面的山坡上，冯玉祥、白崇禧、陈立夫、郭沫若、吴宓、李约瑟等中外名人曾在此发表演讲）

③乐山时期国立武汉大学理学院（李公祠，位于乐山城高西门外）

①乐山时期国立武汉大学工学院（现为乐山师范学院所在地）

②乐山时期国立武汉大学工学院大门

③乐山时期国立武汉大学工学院图书馆（松柏楼）

④乐山时期国立武汉大学工学院大教室（梅庄，建筑风格融合中西之长）

①
②
③

①乐山时期国立武汉大学第二男生宿舍（高北门侧龙神祠）

②乐山时期国立武汉大学第三男生宿舍（叮咚街龙兴丝厂）

③乐山时期国立武汉大学第六男生宿舍（斑竹湾）

①│②

①乐山时期国立武汉大学第一女生宿舍（也叫白宫，白塔街进德女校）

②乐山时期国立武汉大学部分女生在第一女生宿舍楼前合影

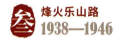

3 八载磨难

王星拱校长在乐山的住所

关山月画作《今日之教授生活》，画中人物为乐山时期武汉大学数学系教授李国平（1955年当选中国科学院学部委员）。

①龚业广

②俞允明

③曾焱华　以上为“八一九”大轰炸中被炸死的武大学生

④大轰炸后的乐山街头惨景

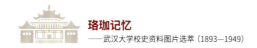

乐山时期因贫困和生病去世的部分教师

①|②|③|④

①邓光西

②吴其昌

③萧君绛

④郭霖

乐山时期因贫困和生病等原因英年早逝的部分学生

4 弦歌不辍

①
②
③

①陆秀丽校友保存至今的国立武汉大学学生证

②国立武汉大学1942—1943学年度校历

③卢祥麟校友当年曾使用过的图书借阅证（时名卢祯）

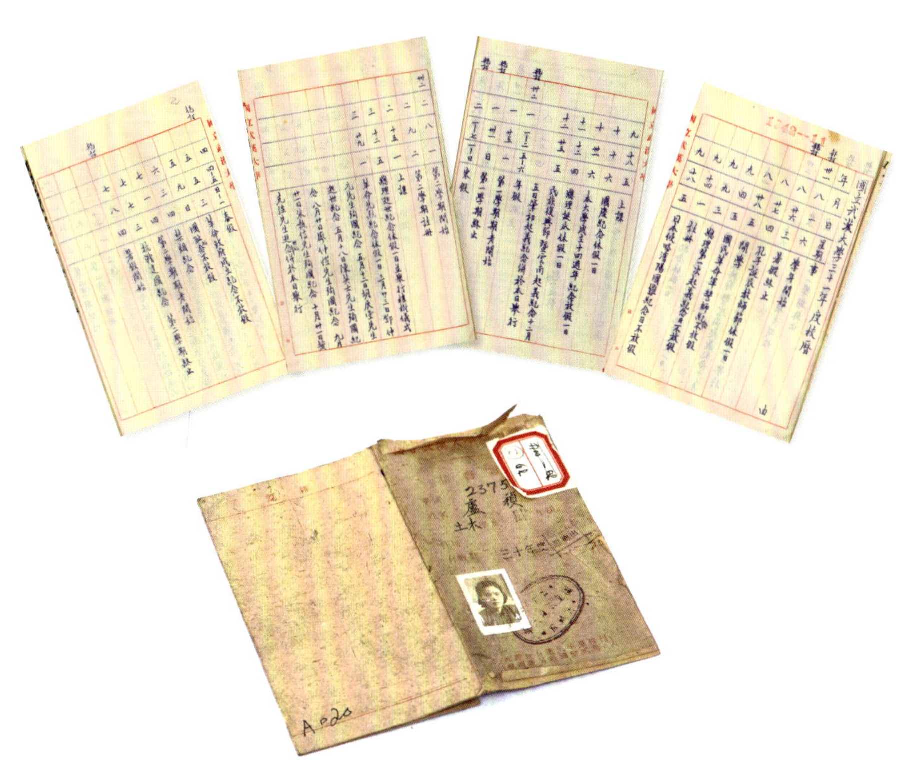

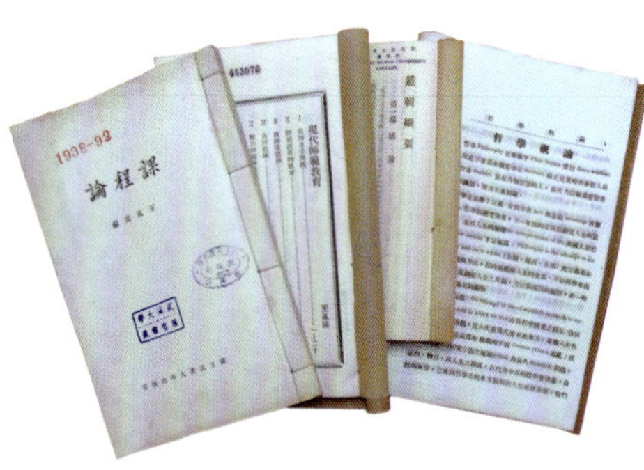

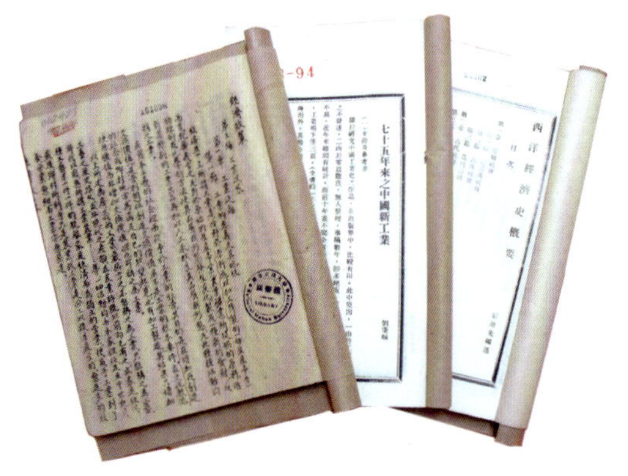

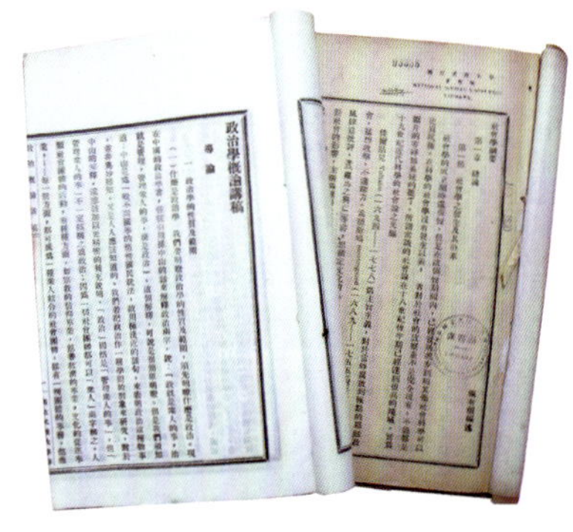

①英文教材

②德文、日文教材

③哲学、教育学教材

④经济学教材

⑤政治学教材

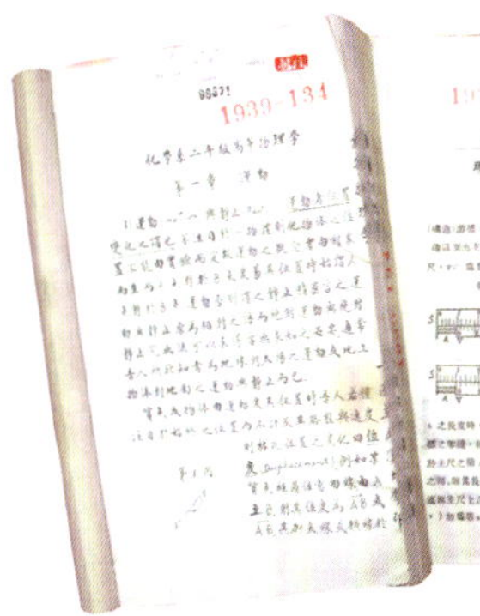

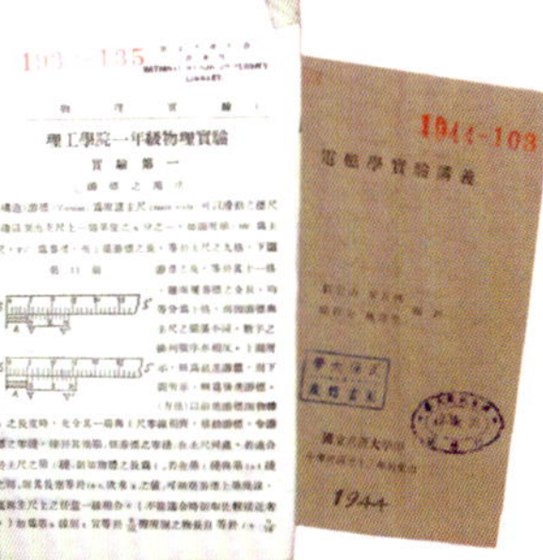

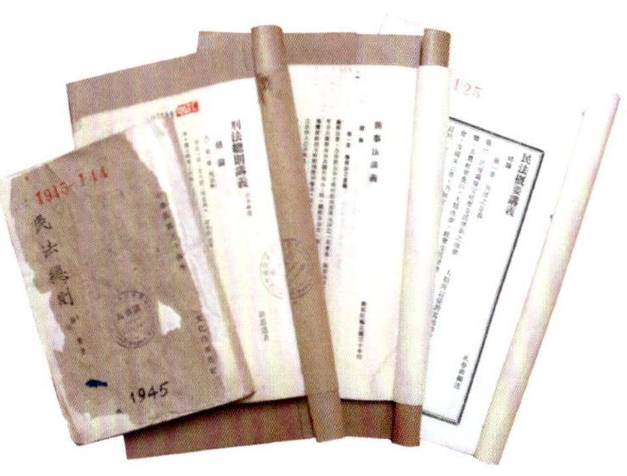

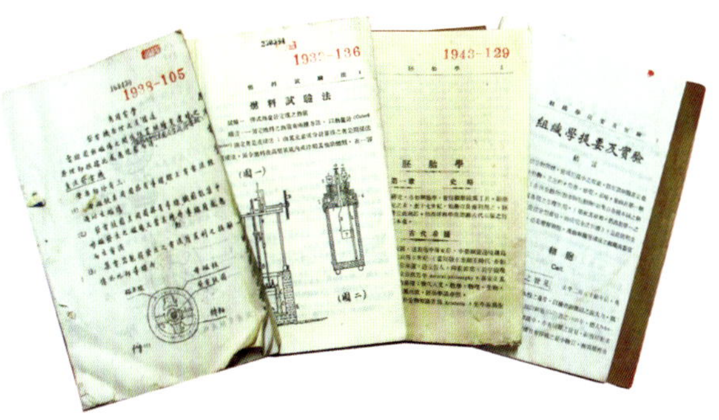

①工学教材

②物理学教材

③法学教材

④化学、生物学教材

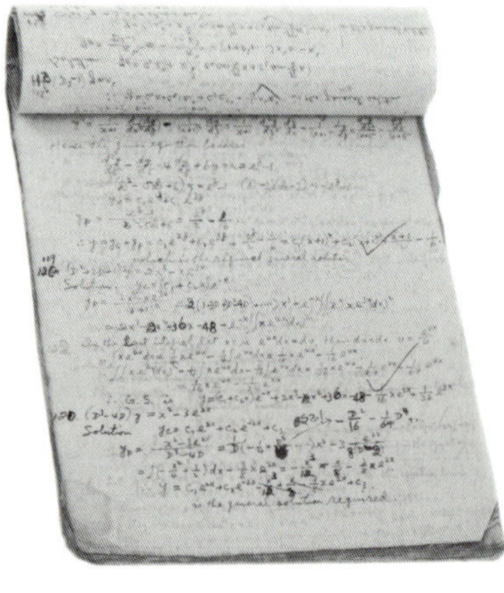

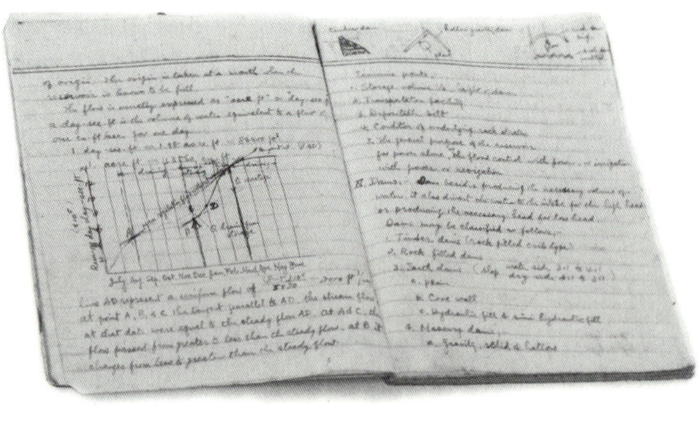

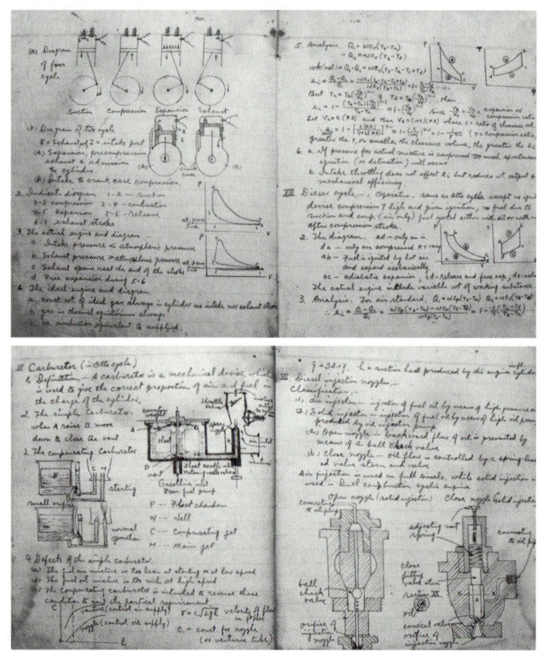

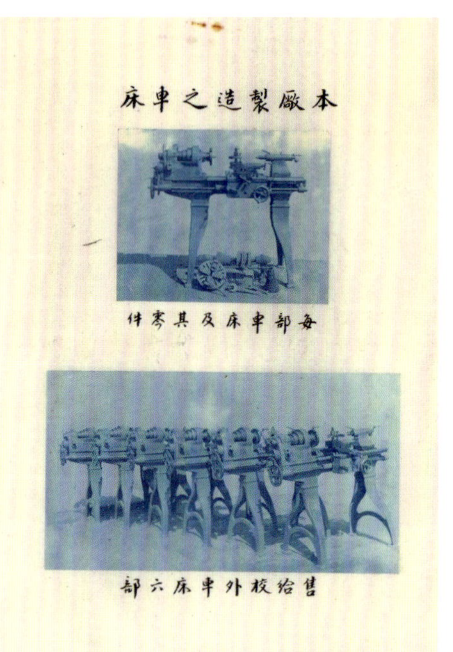

武大电机系学生、中国工程院院士俞大光当年的笔记本和作业本（现存武汉大学乐山纪念堂）

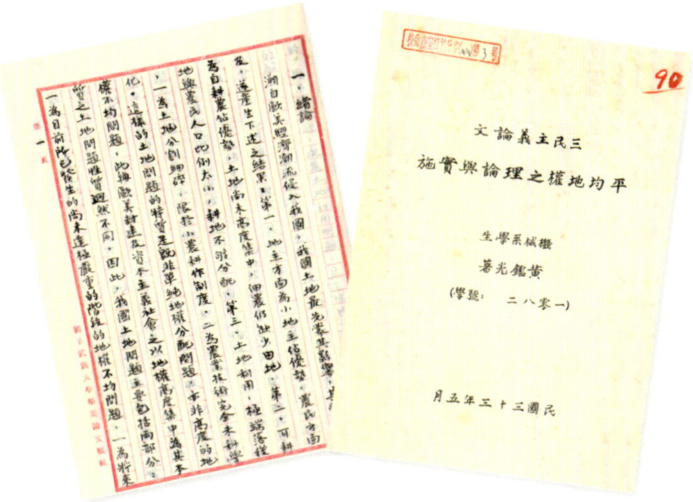
90
三民主義論文
平均地權之理論與實施
機械系學生
黃鑑光著
(學號：一零八二)
民國三十三年五月

教学机床
这是当年武汉大学工学院在乐山办学时使用的机床，该机床由武汉大学工厂制造。

①
②

①机械系学生黄鉴光的三民主义论文《平均地权之理论与实施》

②武大工学院实习工厂设计制造的机床（现仅存一台，存放在武汉大学乐山纪念堂）

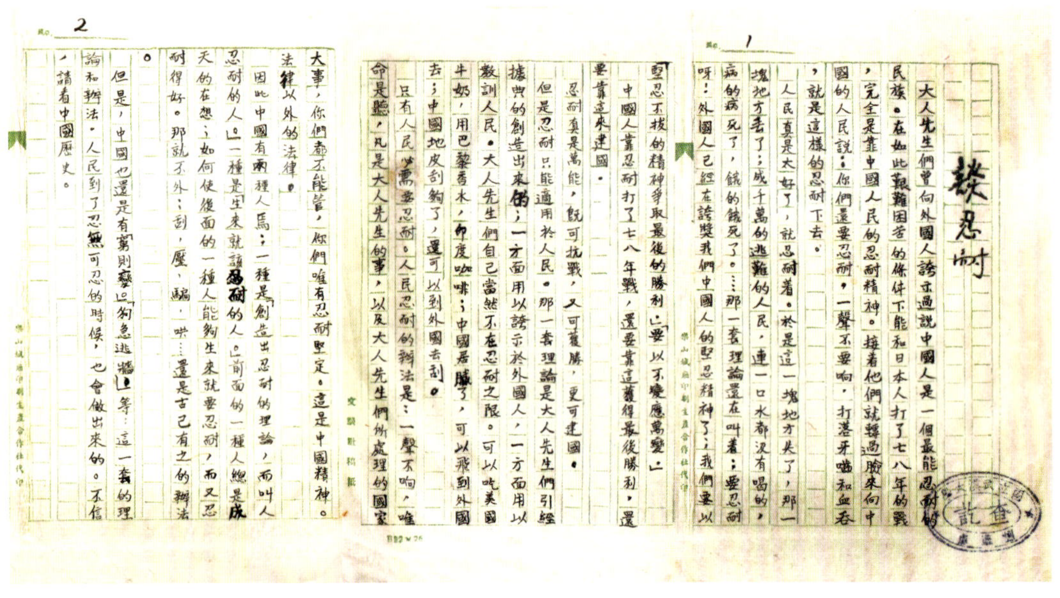

談忍耐

大人先生們曾向外國人誇示過說中國人是一個最能忍耐的民族。在如此艱難困苦的條件下能和日本人打了七八年的戰，完全是靠中國人民的忍耐精神。接着他們就轉過臉來向中國的人民說：你們還要忍耐，一聲不要响，打落牙齒和血吞，就是這樣的忍耐下去。

人民真是太好了，就忍耐着。於是這一塊地方失了，那一塊地方丟了；成千萬的逃難的人民，連一口水都沒有喝的，病的病死了，餓的餓死了。……那一套理論還在叫着：要忍耐呀！外國人已經在誇獎我們中國人的堅忍精神了；我們要以堅忍不拔的精神爭取最後的勝利「要以不變應萬變」

中國人靠忍耐打了七八年戰，還要靠這獲得最後勝利，還要靠這來建國。

忍耐真是萬能，既可抗戰，又可獲勝，更可建國。

但是忍耐只能適用於人民。那一套理論是大人先生們引經據典的創造出來的；一方面用以誇示於外國人，一方面用以教訓人民。大人先生們自己當然不在忍耐之限。可以吃美國牛奶，用巴黎香水，印度咖啡；中國居膩了，可以飛到外國去；中國地皮刮夠了，還可以到外國去刮。

只有人民必需要忍耐。人民忍耐的辦法是：一聲不响，唯命是聽，凡是大人先生的事，以及大人先生們所處理的國家大事，你們都不能管，你們唯有忍耐堅定。這是中國精神。法律以外的法律。

因此中國有兩種人焉：一種是「創造出忍耐的理論，而叫人忍耐的人」，一種是「生來就該忍耐的人」。前面的一種人總是成天的在想：如何使後面的一種人能夠生來就要忍耐，而又忍耐得好。那就不外：刮，壓，騙，哄……還是古已有之的辦法。

但是，中國也還是有「窮則變」「狗急跳牆」等：這一套的理論和辦法。人民到了忍無可忍的時候，也會做出來的。不信，請看中國歷史。

①1943年经学校训导处审阅通过的文谈社壁报文稿原件

②实验室里的微笑

③文谈社部分社员合影

①
②

①海燕社部分社员合影

②1942年成立的女舍读书会成员合影

①	②
③	④

①1943年国立武汉大学15周年校庆篮球赛冠军——活力球队

②1939年春季篮球公开赛冠军——珞珈山篮球队

③1939年度排球公开赛冠军——明远体育会

④武大女篮健将

数学系师生在郊游中

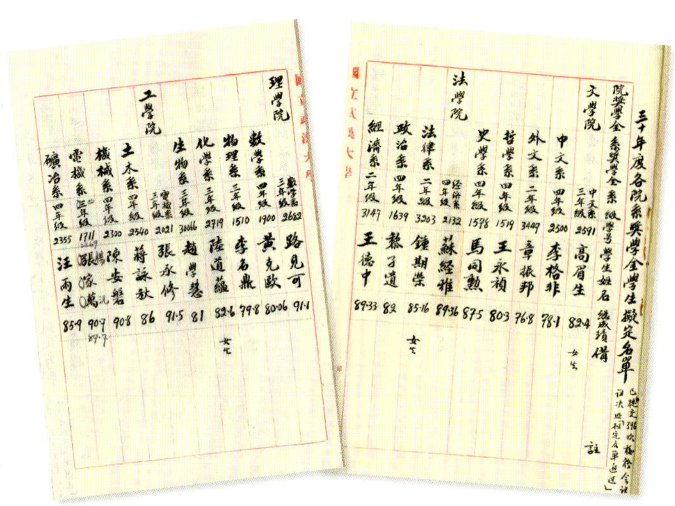

三十年度各院系獎學金學生擬定名單

院	系	級	學號	學生姓名	成績	備註
文學院	院獎學金	中文系三年級	2591	高眉生	82.4	女生
	中文系	四年級	2500	李格非	78.1	
	外文系	二年級	3449	章振邦	76.8	
	哲學系	四年級	1519	王永禎	80.3	
	史學系	四年級	1578	馬同勲	87.5	
法學院	院獎學金	經濟系四年級	2132	蘇經雅	89.36	
	法律系	二年級	3203	鍾期榮	85.16	女生
	政治系	四年級	1639	黎子道	82	
	經濟系	二年級	3147	王德中	89.33	
理學院	院獎學金	數學系三年級	2682	路見可	91.1	
	數學系	四年級	1900	黃克歐	80.06	
	物理系	三年級	1510	李名鼎	79.8	
	化學系	三年級	2719	陸道蘊	82.6	女生
	生物系	三年級	3006	趙學慧	81	
工學院	院獎學金	電機系三年級	2021	張永修	91.5	
	土木系	四年級	2540	蔣詠秋	86	
	機械系	四年級	2300	陳安磐	90.8	
	電機系	三年級	1711	[illegible]	90.7	
	礦冶系	四年級	2355	汪雨生	85.9	

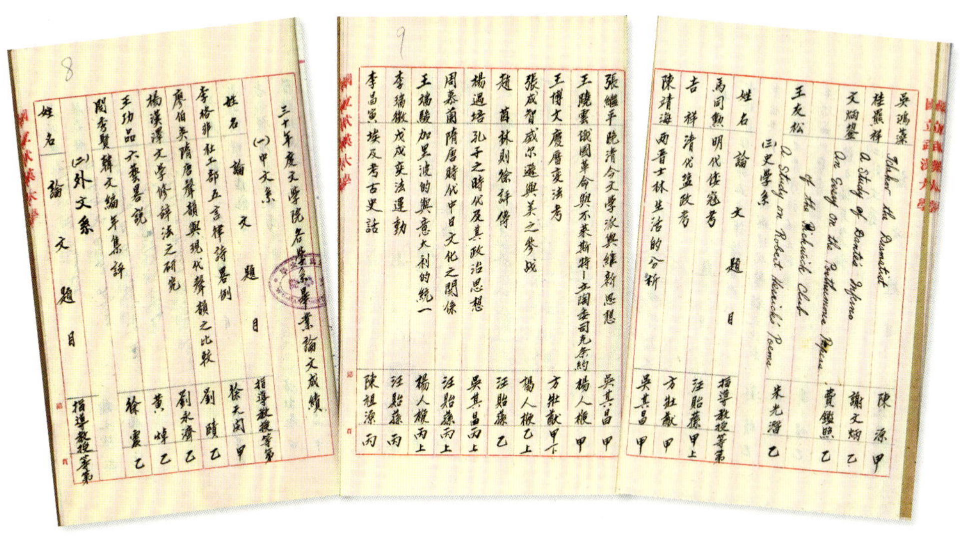

三十年度文學院各學系畢業論文成績

（一）中文系

姓名	論文題目	指導教授	等第
李格非	杜工部五言律詩晷例	徐天閔	甲
廖伯英	隋唐聲韻與現代聲韻之比較	劉賾	乙
楊漢澤	文學修辭法之研究	劉永濟	乙
王功品	六藝畧說	黃焯	乙
閻秀賢	韓文編年集評	徐震	乙

（二）外文系

姓名	論文題目	指導教授	等第
張繼平	晚清今文學派與維新思想	吳其昌	甲
王曉雲	俄國革命與不萊斯特—立陶委司克條約	楊人楩	甲
王博文	慶曆變法考	方壯猷	甲下
張成智	威尔遜與美之參戰	楊人楩	乙上
趙蔭	林則徐評傳	汪詒蓀	乙
楊遇培	孔子之時代及其政治思想	吳其昌	丙上
周慕蘭	隋唐時代中日文化之關係	汪詒蓀	丙上
王瑞駿	加里波的與意大利的統一	楊人楩	丙上
李瑞徽	戊戌變法運動	汪詒蓀	丙
李昌寅	埃及考古史話	陳祖源	丙
吳鴻藻	Ibsen the Dramatist	陳源	甲
桂叢祥	A Study of Dante's Inferno	謝文炳	乙
文炳鋆	An Essay on the Posthumous Papers of the Pickwick Club	費鑑照	乙
王友松	A Study on Robert Herrick's Poems	朱光潛	乙

（三）史學系

姓名	論文題目	指導教授	等第
馬同勲	明代倭寇考	汪詒蓀	甲上
吉祥	清代鹽政考	方壯猷	甲
陳靖海	兩晋士林生活的分析	吳其昌	甲

①武汉大学1941年各院系奖学金学生名单

②武汉大学文学院1941年度各系毕业论文成绩（部分）

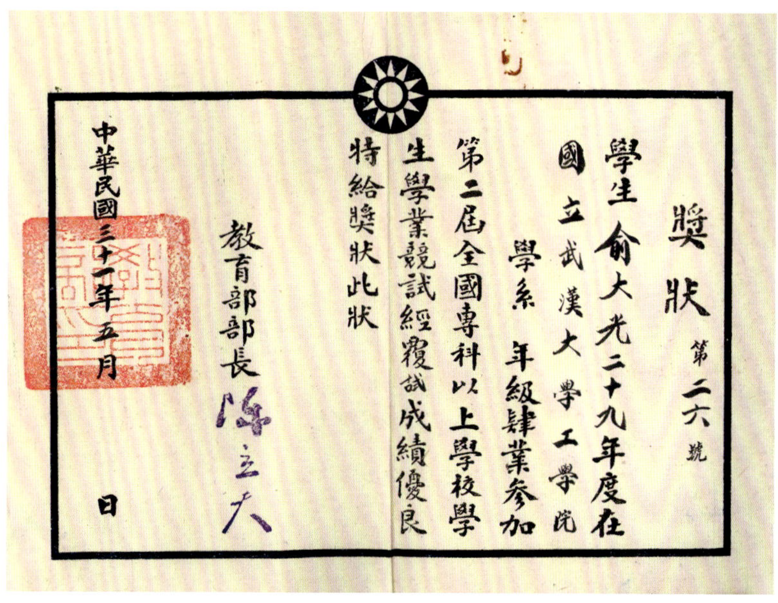

獎狀 第二六號

學生俞大光二十九年度在
國立武漢大學工學院
學系 年級肄業參加
第二屆全國專科以上學校學
生學業競試經覆試成績優良
特給獎狀此狀

教育部部長陳立夫

中華民國三十一年五月 日

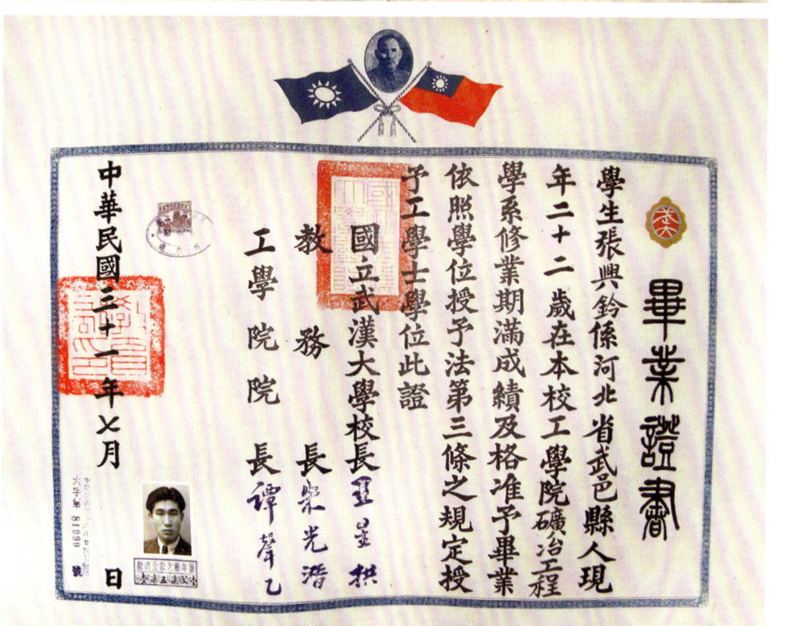

畢業證書

學生張興鈐係河北省武邑縣人現
年二十二歲在本校工學院礦冶工程
學系修業期滿成績及格准予畢業
依照學位授予法第三條之規定授
予工學士學位此證

國立武漢大學校長王星拱
教務長朱光潛
工學院院長譚聲乙

中華民國三十一年七月 日

①
②

①电机系学生俞大光1942年所获第二届全国专科以上学校学生学业竞试奖状

②乐山时期国立武汉大学毕业证书

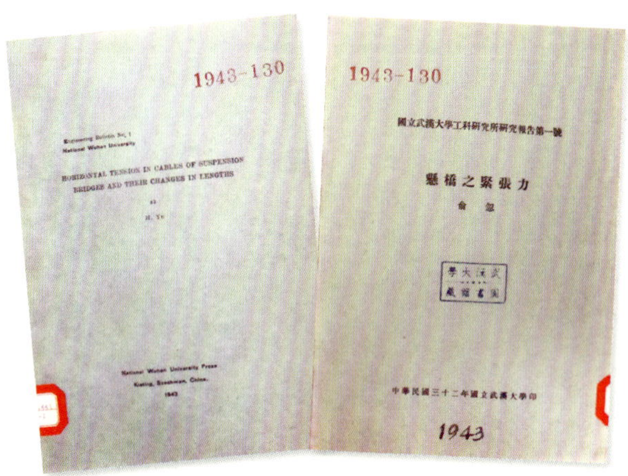

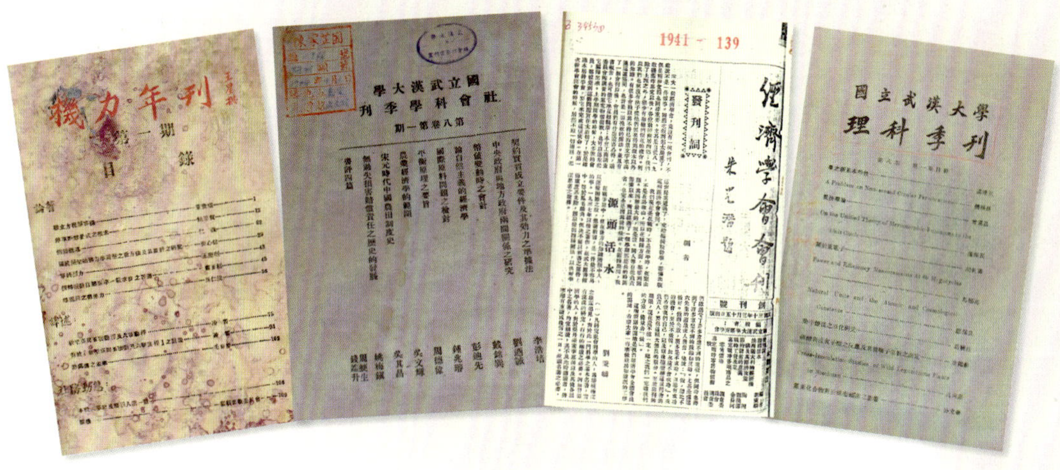

①
②

①1943年工科研究所研究报告第一号——《悬桥之紧张力》（俞忽教授著）

②乐山时期国立武汉大学出版的各种学术刊物

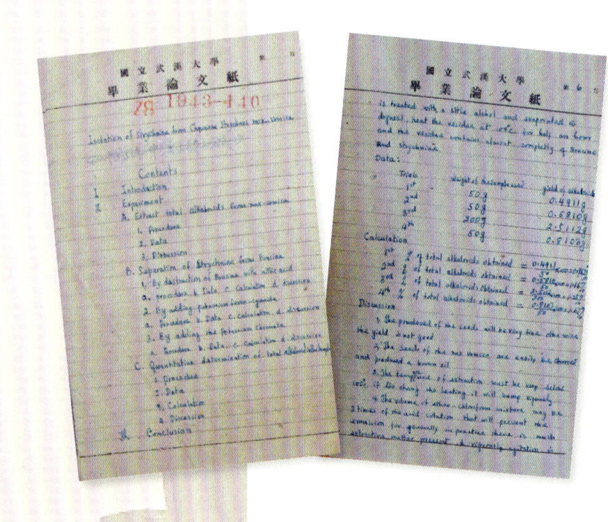

國立武漢大學
畢業論文紙
ZR 1943-410

Contents
I. Introduction
II. Experiment
A. Extract total alkaloids
1. Procedure
2. Data
3. Discussion
B. Separation of Strychnine from Brucine
C. Quantitative determination of total alkaloids
1. Procedure
2. Data
3. Calculation
4. Discussion
III. Conclusion

國立武漢大學
畢業論文紙

Data:

Trials	Weight of the sample used	yield of alkaloids
1st	50g	0.4911g
2nd	50g	0.5810g
3rd	200g	2.5112g
4th	50g	0.8103g

Calculation

Discussion

①|②
③

①武大学生在科学展览会上演示提卤制盐

②武大学生在岷江上搭建的浮桥

③涂主珍1943年的毕业论文《从中国马前子中分离马前子碱》

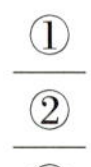

5 名师云集

（一）文学院

①
②
③

①黄　焯（1902—1984）　字耀先，湖北蕲春人。著名语言文字学家及小学与诗学专家，黄侃学术的重要继承者。1927年毕业于国立武昌中山大学中文系，1939—1984年任教于武汉大学中文系。

②苏雪林（1897—1999）　安徽太平人。著名作家、文学家。1931—1949年任教于国立武汉大学中文系；其作品多次入选中学国文教材，晚年著有统称为《屈赋新探》的四部惊世名著——《屈原与九歌》《天问正简》《楚骚新诂》《屈赋论丛》，共160万字。

③叶圣陶（1894—1988）　原名叶绍钧，江苏苏州人。著名作家、编辑家、出版家、教育家和社会活动家，中国第一位童话作家，新文学运动的先驱者之一。1938—1940年任教于国立武汉大学中文系；著有我国第一个童话集《稻草人》，长篇小说《倪焕之》亦是中国现代文学史上最早出版的长篇小说之一。

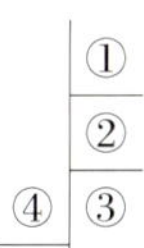

①程千帆（1913—2000） 湖南长沙人。著名文史学家、诗人。1941—1942年、1945—1978年两度任教于武汉大学中文系；在校雠学、历史学、古代文学、古代文学批评等方面成就卓著。

②朱光潜（1897—1986） 字孟实，安徽桐城人。著名美学家、文艺理论家、翻译家，我国现代美学的开拓者和奠基者之一。1917—1918年就读于国立武昌高等师范学校国文史地部，1939—1946年任教于国立武汉大学外文系。

③桂质柏（1900—1979） 湖北江夏人。著名图书馆学家，中国第一位图书馆学博士。1940—1956年任教于武汉大学外文系，并兼任图书馆主任（馆长）等职；在图书分类学、图书编目和参考咨询诸领域的学术研究与实践方面均有较深的造诣与业绩。

④张 颐（1887—1969） 字真如，四川叙永人。著名哲学家，中国第一位牛津大学哲学博士获得者。1939—1946年任教于国立武汉大学哲学系；为中国哲学界专门研究西方古典哲学的先驱，尤其对黑格尔哲学有精深研究，素有“东方黑格尔”之美誉。

⑤唐长孺（1911—1994） 江苏吴江人。著名历史学家。1944—1994年任教于武汉大学历史系；被公认为继陈寅恪先生之后我国最有影响力的魏晋南北朝隋唐史专家。

（二）法学院

①
②

①李浩培（1906—1997） 上海宝山人。著名法学家，我国国际法的泰斗和创始人之一。1939—1947年任教于国立武汉大学法律系；对我国参与制定和完善国际法，以及联合国解决国际争端，作出了巨大贡献。

②王铁崖（1913—2003） 福建福州人。著名法学家，我国国际法学的学术带头人和杰出代表。1940—1942年任教于国立武汉大学法律系，成为其60多年国际法教学生涯的起点。

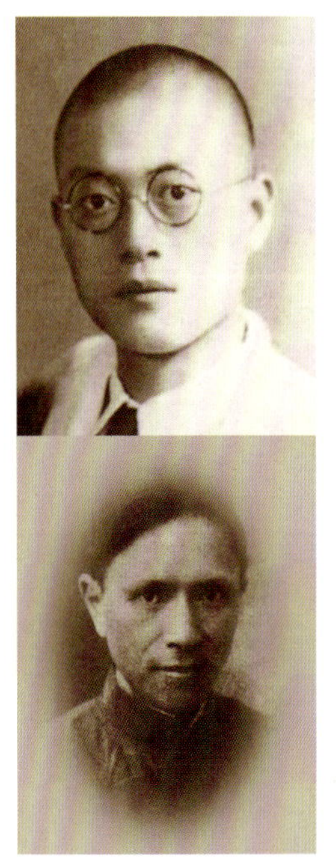

（三）理学院

①
②

①李国平（1910—1996） 广东丰顺人。著名数学家、数学教育家，我国函数论研究的主要奠基人之一，我国数学物理与系统科学的主要倡导者与领导者之一。1940—1996年任教于武汉大学数学系，1955年当选为中国科学院首批学部委员（院士），1956年被评为国家一级教授。

②查　谦（1896—1975） 字啸仙，安徽泾县人。著名物理学家、教育家。1932—1953年任教于武汉大学物理系，1956年被评为国家一级教授；曾研究光电效应的不对称性，清楚地界定了不对称性发生的条件，消除了因不对称现象而引起的与量子论的矛盾。

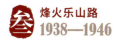

①桂质廷（1895—1961） 祖籍湖北武昌，生于沙市。著名物理学家、教育家，中国地磁学与空间物理学的创始人之一。1939—1961年任教于武汉大学物理系；1946年在国立武汉大学领导创建中国第一个游离层实验室。

②梁百先（1911—1996） 湖南长沙人。著名物理学家，我国电离层物理研究的开拓者之一。1939—1996年任教于武汉大学物理系、空间物理系；曾与英国著名电离层物理学家、诺贝尔奖获得者E.V. Appleton（爱波顿）各自独立并且大体同时发现了“赤道异常”（Equatorial Anomaly）现象。

③钟兴厚（1901—1984） 江苏南京人。著名化学家。1937—1984年任教于武汉大学化学系；在国内首先倡导氟化物研究，并率先研制出单质氟。

④石声汉（1907—1971） 湖南湘潭人。中国农业史学家、植物生理学家，最早用科学方法研究中国哺乳类的学者之一。1924—1927年就读于武昌师范大学、武昌大学和武昌中山大学生物系；1941—1951年任教于武汉大学生物系；曾被世界著名科学史专家、英国剑桥大学李约瑟博士誉为“一位很有剑桥气质的真菌学家和植物生理学家”。

⑤孙祥钟（1908—1994） 安徽桐城人。著名植物分类学家、教育家，我国水生植物学的奠基人。1933年毕业于国立武汉大学生物系，1933—1936年、1939—1994年两度任教于武汉大学生物系；在植物区系学、生态学、中国水生维管束植物及标本采集方面均有重要成果。

①②③
④⑤

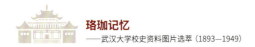

（四）工学院

①
②

①赵师梅（1894—1984） 湖北巴东人。著名电机工程师，辛亥革命武昌首义甲等功勋获得者。1930—1953年任教于武汉大学电机工程系。

②邵逸周（1891—1976） 安徽休宁人。著名工程师，矿冶学家。1930—1942年任国立武汉大学工学院院长，在其领导下，武汉大学工学院在短短数年的时间里就迅速发展成为一个规模宏大、学科齐全、师资雄厚的工科基地。

6 星光灿烂

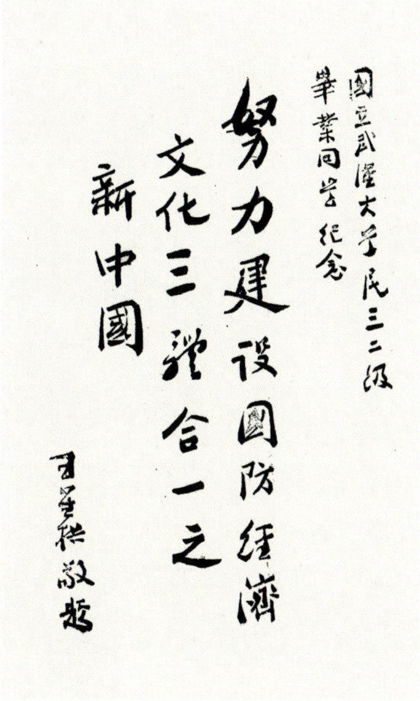

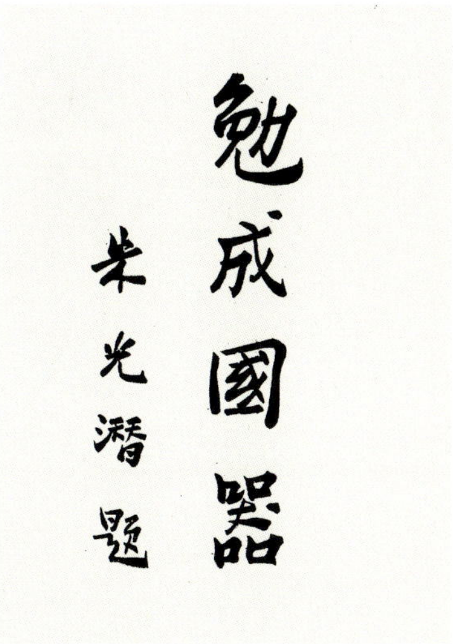

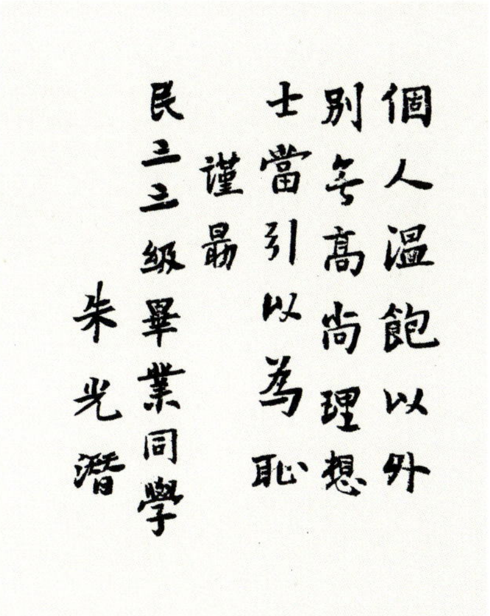

國立武漢大學民三二級畢業同學紀念

努力建設國防經濟文化三者合一之新中國

王星拱敬題

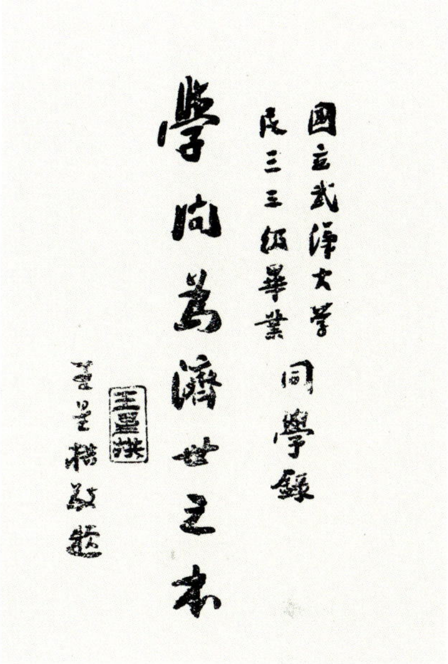

國立武漢大學民三三級畢業同學錄

學問爲濟世之本

王星拱敬題

王星拱

勉成國器

朱光潛題

個人溫飽以外別無高尚理想士當引以爲恥

謹勗民三三級畢業同學

朱光潛

①②王星拱校长为武大1943年、1944年毕业生题词

③④朱光潜教务长为武大1943年、1944年毕业生题词

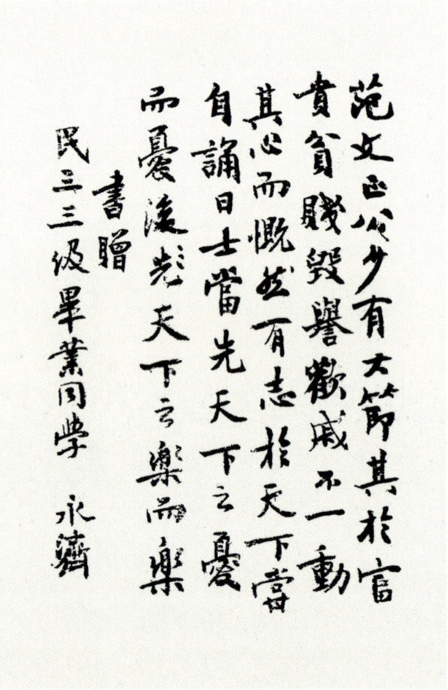
范文正公少有大節其於富貴貧賤毀譽歡戚不一動其心而慨然有志於天下嘗自誦曰士當先天下之憂而憂後天下之樂而樂
書贈
民三三級畢業同學 永濟

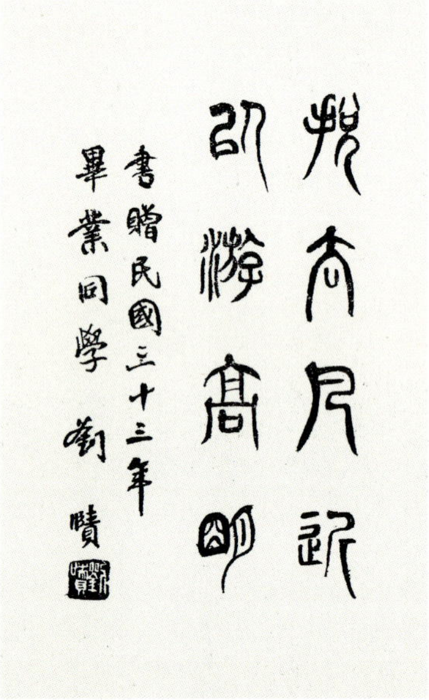
書贈民國三十三年
畢業同學 劉賾

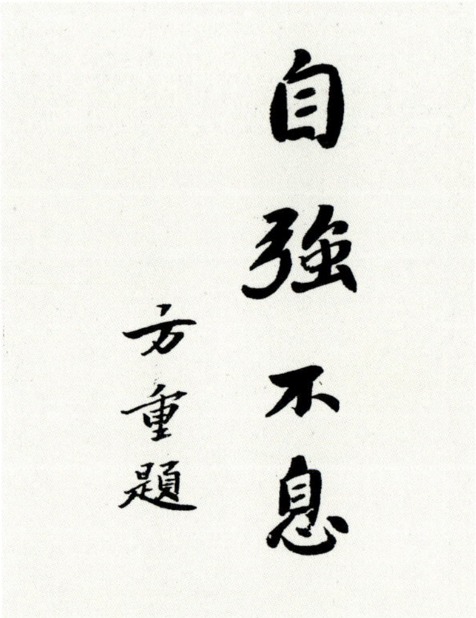
自強不息
方重題

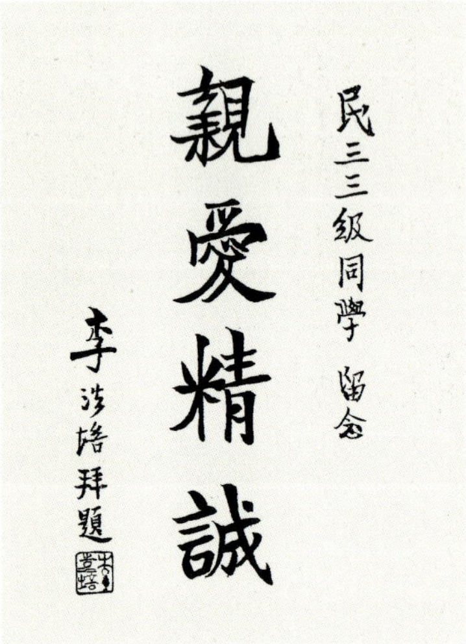
民三三級同學留念
親愛精誠
李浩培拜題

①	②
③	④

①文学院院长刘永济题词

②中文系主任刘赜题词

③外文系教授方重题词

④法律系主任李浩培题词

真正的人生本是複合的演進正如音樂中的節奏要諧和有情致
劉秉麟題

民卅三級畢業紀念
任重道遠
陶因題贈

洪水縱滔天
隻手挽狂瀾
曾戴益

盛衰科學重
寵辱一身輕
葉嶠

學無止境
民三三級畢業同學
徐賢恭題贈
民國三十三年

功移造化學究天人分擔建國之責要是席上之珍
民三三級級會紀念
陸鳳書題

①	②	③
④	⑤	⑥

①法学院院长刘秉麟题词

②经济系主任陶因题词

③数学系主任曾瑊益（昭安）题词

④化学系主任叶峤题词

⑤化学系教授、总务长徐贤恭题词

⑥土木工程系主任陆凤书题词

①
②

①经济系1944年毕业生纪念合影

②数学系1941年毕业生纪念合影

①乐山时期国立武汉大学部分女生合影

②机械系1942年毕业生纪念合影

③矿冶系1944年毕业生纪念合影

④土木系1945年毕业生纪念合影

（一）文学院

①
②
③

①李健章（1912—1998）　安徽合肥人。著名古典文学专家。1939年毕业于国立武汉大学中文系，1941—1946年、1947—1998年两度任教于武汉大学中文系；对明清文学史颇有研究，著有《〈袁宏道集笺校〉志疑》《袁中郎行状笺证》《关于〈长恨歌〉的评价问题》《简说唐诗和宋词》等。

②李格非（1916—2003）　湖北武汉人。著名语言学家。1942年毕业于国立武汉大学中文系，1945年肄业于国立武汉大学文科研究所，1946—2003年任教于武汉大学中文系；对文字、音韵、训诂均有精深研究，曾任《汉语大字典》常务副主编。

③孙法理（1927—2021）　四川内江人。著名翻译家。1948年毕业于国立武汉大学外文系；主要译著有《苔丝》《双城记》《马丁·伊甸》《汉尼拔》《美妙的新世界》《爱德华三世》《莎乐美》等，各类作品总计460万字以上。

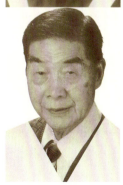

①
②
③

①李匡武（1916—1985） 广东番禺人。著名逻辑学家。1940年毕业于国立武汉大学哲学教育系，并留校任教至1949年；著有《现代逻辑学》《形式逻辑》等，译有《工具论》。

②萧萐父（1924—2008） 四川成都人。著名哲学家。1947年毕业于国立武汉大学哲学系，1957—2008年任教于武汉大学哲学系；对中国古代辩证法史、先秦儒道思想、明清哲学、近现代文化思潮等颇有研究，著有《中国哲学史》《船山哲学引论》《中国哲学史史料源流举要》《吹沙集》等。

③严耕望（1916—1996） 安徽桐城人。著名历史学家。1941年毕业于国立武汉大学史学系；主要研究领域为中国中古（秦汉—唐）政治制度及历史地理；1970年当选为台湾“中央研究院”院士。

（二）法学院

①②③④⑤⑥⑦⑧

①钟期荣（1920—2014）　湖南长沙人。著名法学家、教育家。1943年毕业于国立武汉大学法律系；1971年与丈夫胡鸿烈合作创办树仁学院（2006年更名为香港树仁大学，为香港第一所私立大学）并任校长；1997年被评为武汉大学第一届杰出校友；2007年与胡鸿烈入选“感动中国”年度人物。

②姚梅镇（1915—1993）　湖南益阳人。著名法学家。1940年毕业于国立武汉大学法律系，1940—1943年、1946—1958年、1979—1993年三度任教于武汉大学法律系；专于国际经济法和国际投资法，著述达700余万字，所著《国际投资法》为我国第一部系统深入地研究国际投资法律问题的专著和教材，填补了该领域的空白。

③端木正（1920—2006）　安徽安庆人，回族。著名法学家、政治学家、历史学家。1942年毕业于国立武汉大学政治系；专于国际法、现代国际关系史和法国近现代史；1985年被全国人大任命为香港特别行政区基本法起草委员会委员，1990—2000年任最高人民法院副院长（副部长级）、审判委员会委员；1997年被评为武汉大学第一届杰出校友。

④刘涤源（1912—1997）　湖南湘乡人。著名经济学家。1939年毕业于国立武汉大学经济系，1942年毕业于国立武汉大学法科研究所经济学部，1947—1997年任教于武汉大学经济系；他是中国研究西方凯恩斯主义的著名学者，所著《凯恩斯经济学说评论》一书被《世界经济》杂志称为“凯恩斯主义研究的新突破”。

⑤谭崇台（1920—2017） 四川开县人。著名经济学家。1943年毕业于国立武汉大学经济系，自1948年起任教于武汉大学经济系，武汉大学经济与管理学院名誉院长；长期从事西方经济学，特别是发展经济学的教学和科研工作。

⑥陈文蔚 1921年生，四川华阳人。著名经济学家。1943年毕业于国立武汉大学经济系；美国俄亥俄州大学“终身教授”、玛瑞塔学院“特级杰出讲座教授”；2005年被评为武汉大学第四届杰出校友。

⑦胡代光（1919—2012） 四川新县人。著名经济学家。1944年毕业于国立武汉大学经济系；长期从事当代西方经济学的教学研究工作，首次将经济计量学、西方货币学派和斯拉法经济学等介绍给国内学术界，有力地促进了西方经济理论在我国的传播与发展；2007年被评为武汉大学第五届杰出校友。

⑧刘诗白 1925年生，四川万县人。著名理论经济学家。1946年毕业于国立武汉大学经济系；西南财经大学名誉校长；较早提出和阐述了“社会主义市场经济”概念，也是我国较早提出社会主义所有制结构多元性的学者之一，在产权研究中提出不少新鲜见解，其理论被称为中国三大产权理论之一；1999年被评为武汉大学第二届杰出校友。

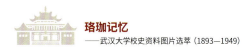

（三）理学院

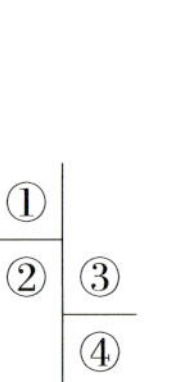

①张远达（1914—1985） 湖北汉阳人。著名数学家。1939年毕业于国立武汉大学数学系，后留校任教，直至去世；致力于群论研究，在幂零群、超可解群、完全群等方面的研究上卓有贡献。

②路见可（1922—2016） 江苏宜兴人。著名数学家。1943年毕业于国立武汉大学数学系，后留校任教；专长于函数论及其应用。

③王柔怀 1924年生，四川自贡人。著名数学家。1945年毕业于国立武汉大学数学系；主要从事微分方程的教学和研究。

④彭少逸（1917—2017） 祖籍江苏溧阳，生于湖北武汉。著名燃料化学家、催化剂专家。1939年毕业于国立武汉大学化学系，并留校任研究助理至1941年；1980年当选为中国科学院学部委员（院士）。

①钱保功（1916—1992） 江苏江阴人。著名高分子化学和高分子物理学家。1940年毕业于国立武汉大学化学系；1980年当选为中国科学院学部委员（院士）。

②陈荣悌（1917—2001） 四川垫江人。著名物理化学家、无机化学家。1944年毕业于国立武汉大学研究院理科研究所；1980年当选为中国科学院学部委员（院士）；1999年被评为武汉大学第二届杰出校友。

③方　成（1918—2018） 原名孙顺潮，广东中山人。著名漫画家。1942年毕业于国立武汉大学化学系，曾任中国新闻漫画研究会会长；1999年被评为武汉大学第二届杰出校友。

④张致一（1914—1990） 山东泗水人。著名动物学家、胚胎学家、生殖生物学家、生理学家，中国生殖生物学的创始人之一。1940年毕业于国立武汉大学生物系；1980年当选为中国科学院学部委员（院士）。

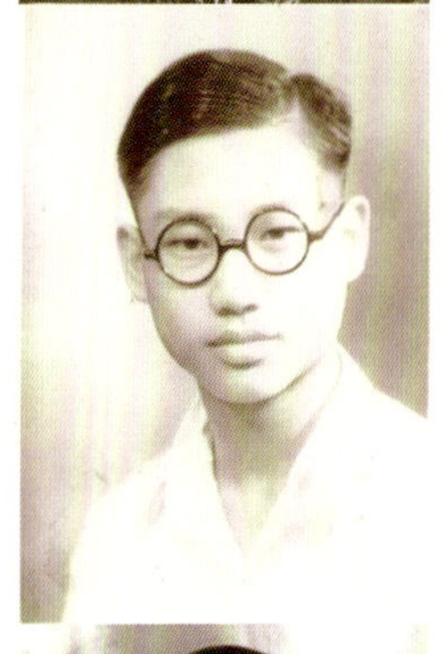

①
②
③
④

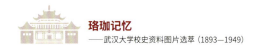

（四）工学院

①
②
③

①张瑞瑾（1917—1998） 湖北巴东人。著名教育家、水利专家。1939年毕业于国立武汉大学土木工程系；曾任武汉水利电力学院院长，创办世界上唯一的河流泥沙及治河工程本科专业；长期从事泥沙运动基本规律的研究，提出的水流挟沙力公式被广泛应用。

②赵耀东（1915—2008） 上海人。著名企业家、社会活动家。1940年毕业于国立武汉大学机械工程系；长期从事企业和经济管理工作，曾任台湾“经济部部长”、“经济建设委员会”主任委员、“总统府国策顾问”等职，创建过10座纺织厂，主持创办中钢，为台湾的经济腾飞作出了重大贡献；2003年被评为武汉大学第三届杰出校友。

③黄孝宗 1920年生，祖籍福建厦门，生于湖北汉阳。著名火箭航天专家。1942年毕业于国立武汉大学机械工程系；在美国航太工业界工作30年，参与并主持多项大型计划如登陆月球、太空梭及长程导弹等的推进系统，并负责首架大型液体氢火箭发动机关键性技术的突破工作并研制成功，为1969年人类首次成功登陆月球作出了重要贡献；1999年被评为武汉大学第二届杰出校友。

①|②|③|④

①马　骥　1917年生，河南安阳人。著名工程师。1943年毕业于国立武汉大学机械工程系；曾主持我国第一台大型联合收割机的设计与试验，研制出我国第一台半喂入联合收割机和第一台中耕作物精密播种机等。

②文圣常（1921—2022）　河南光山人。著名物理海洋学家，中国海洋研究的拓荒者之一。1944年毕业于国立武汉大学机械工程系；曾任山东海洋学院（今中国海洋大学）院长；1993年当选为中国科学院院士。

③张嗣瀛（1925—2019）　山东章丘人。著名自动控制专家。1948年毕业于国立武汉大学机械工程系；1997年当选为中国科学院院士。

④崔　崑　1925年生，山东济南人。著名金属材料专家。1948年毕业于国立武汉大学机械工程系；1997年当选为中国工程院院士。

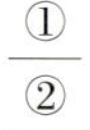

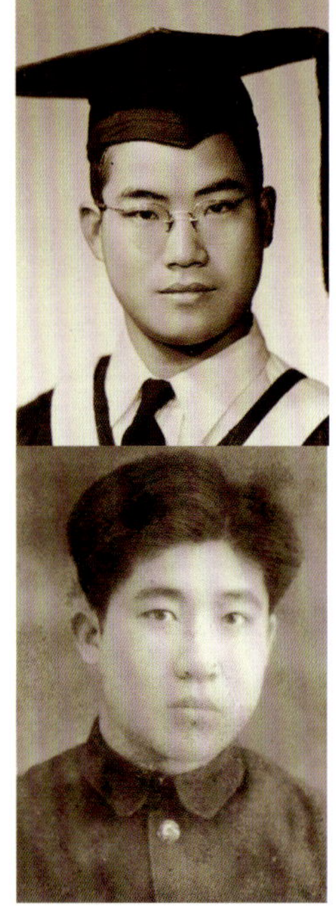

①张效祥（1918—2015） 浙江海宁人。著名计算机专家。1943年毕业于国立武汉大学电机工程系；曾主持我国第一台大型计算机——104机标量亿次巨型计算机的研究试制工作，为我国计算机事业的开拓和发展起到了重要作用；1991年当选为中国科学院学部委员（院士）；1999年被评为武汉大学第二届杰出校友。

②俞大光（1921—2017） 生于辽宁盖县。著名理论电子工程学专家。1944年毕业于国立武汉大学电机工程系，并留校任教至1950年；曾担任我国第一代核武器最后型号的总体设计师并完成定型工作，为中国核武器的研制、定型和人才培养作出了重要贡献；1995年当选为中国工程院院士。

③欧阳予 1927年生，四川乐山人。著名核反应堆及核电工程专家，中国第一座军用生产反应堆及中国第一座自行设计、建造的核电站——秦山核电站工程的总设计师。1948年毕业于国立武汉大学电机工程系；1991年当选为中国科学院学部委员（院士）；1997年被评为武汉大学第一届杰出校友。

④张兴钤（1921—2022） 河北武邑人。著名金属物理学家、材料科学与工程专家。1942年毕业于武汉大学矿冶工程系；1991年当选为中国科学院学部委员（院士）。

国立武汉大学乐山时期校友中走出的两院院士

<table>
<tr><th>学院</th><th>学系</th><th>在武大就学年代及当选院士年代</th><th>在武大执教年代及当选院士年代</th></tr>
<tr><td rowspan="3">理学院</td><td>数学系</td><td></td><td>李国平（1940—1996）（1955 科）</td></tr>
<tr><td>化学系</td><td>彭少逸（1939 届）（1980 科）
钱保功（1940 届）（1980 科）
陈荣悌（1944 届研）（1980 科）</td><td>彭少逸（1939—1942）（1980 科）</td></tr>
<tr><td>生物系</td><td>张致一（1940 届）（1980 科）</td><td>高尚荫（1935—1989）（1980 科）</td></tr>
<tr><td rowspan="3">工学院</td><td>机械系</td><td>谢家麟（1942 肄业）（1980 科）
文圣常（1944 届）（1993 科）
张嗣瀛（1948 届）（1997 科）
崔　崑（1948 届）（1997 工）</td><td>陆元九（1942—1943）
（1980 科，1994 工）
史绍熙（1944）（1980 科）</td></tr>
<tr><td>电机系</td><td>张效祥（1943 届）（1991 科）
俞大光（1944 届）（1995 工）
欧阳予（1948 届）（1991 科）</td><td>张钟俊（1938—1939）（1980 科）
俞大光（1944—1950）（1995 工）</td></tr>
<tr><td>矿冶系</td><td>张兴钤（1942 届）（1991 科）</td><td>李文采（1939）（1955 科）
邵象华（1939—1940）
（1955 科，1995 工）</td></tr>
</table>

注：表中的“届”指毕业年代，“研”指研究生毕业，“科”指中国科学院院士，“工”指中国工程院院士。

复员珞珈山

1946年5月

学校着手恢复农学院，叶雅各担任筹备主任后任院长，农学院大楼续建竣工。同年10月，武大增设医学院，成立了以李宗恩为主任委员的医学院筹备委员会，在武昌东厂口老校舍设立了附属医院。复员后实现了设立文、法、理、工、农、医六大学院的理想。

1947年5月

学校将原有的研究机构4部11所合并，改组为8个研究所，即中国文学研究所、历史研究所、政治研究所、经济研究所、物理研究所、化学研究所、土木工程研究所、电机工程研究所。研究所的设置数量位列全国第六位。

1945年8月15日

日本宣布无条件投降。9月1日，学校成立了“国立武汉大学复校委员会”，推定杨端六任主任委员。抗战胜利后，珞珈山校舍的基础设施遭到了严重破坏。武大复校委员会为复员武昌做了大量工作。

1946—1949

1948年 2月20日

这一时期，武大的教学质量和学术水平不断提高。教育部国际文化教育事业处函告武大：英国牛津大学已认可武大毕业生在牛津之高级生地位。此后，武大毕业生前往牛津大学研究学习仅凭学校证件，审查成绩即可入学。

1950年

按照教育部规定，国立武汉大学更名为“武汉大学”。此后经院系调整，武汉大学建设成为一所文理综合大学。

1949年 5月17日

中国人民解放军进驻武昌城。6月，武汉市军事管制委员会正式接管国立武汉大学。8月24日，国立武汉大学校务委员会成立，取代过去的校长制。

1946年至1949年的国立武汉大学，学生运动十分活跃，党组织不断发展壮大，从地下逐步转为公开。1947年6月1日，武汉警备司令部为阻止师生的革命行动，纠集军警宪特数千人包围了珞珈山，造成学生死亡3人、轻伤10人，还逮捕了梁园东、缪朗山、金克木、刘颖、朱君允等5位教授和23名学生及职员，制造了震惊中外的“六一”惨案。

1 乐山归来

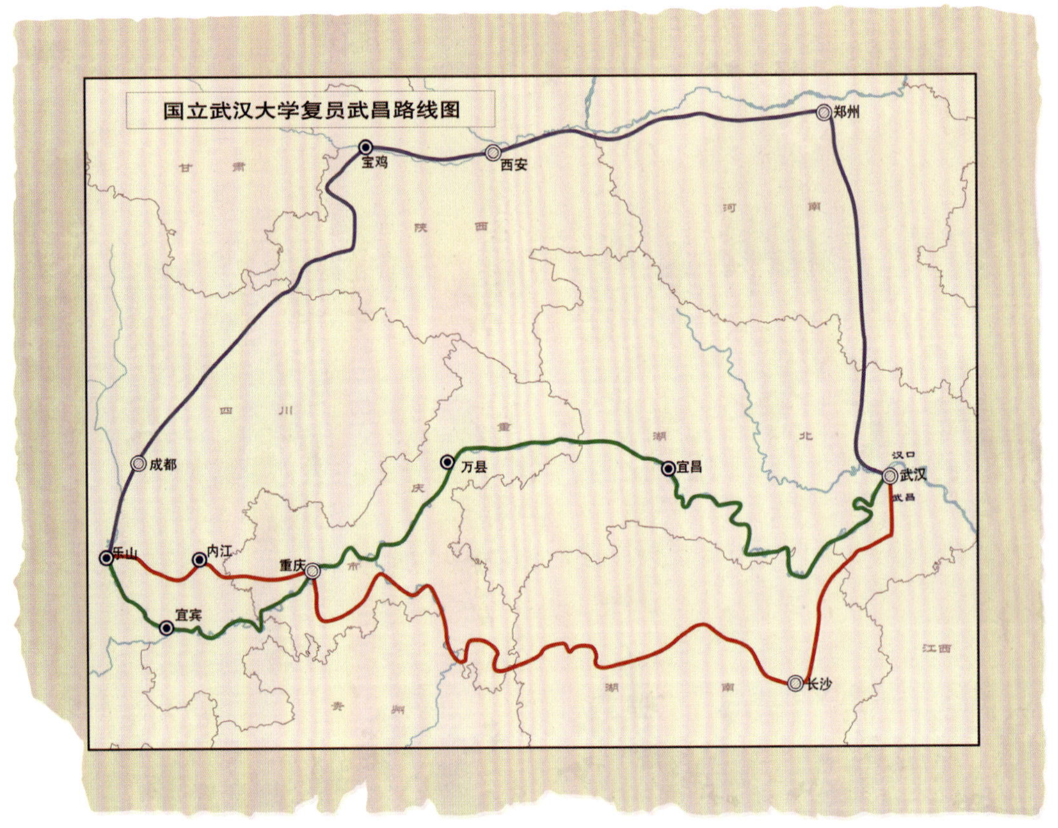

1945年8月，学校成立了复校委员会，为学生统一印发“国立武汉大学学生复员证”。图为国立武汉大学水路、铁路、公路复员武昌的3条路线图。

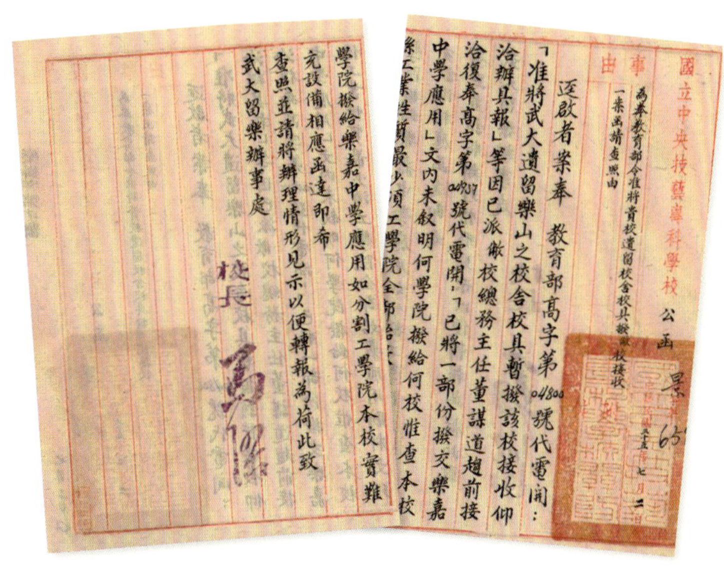
國立中央技藝專科學校 公函

事由：為奉教育部令准將貴校遺留校舍校具撥敝校接收一案函請查照由

逕啟者案奉 教育部高字第04800號代電開：「准將武大遺留樂山之校舍校具暫撥該校接收仰洽辦具報」等因已派敝校總務主任董謀道趨前接洽復奉高字第04937號代電開：「已將一部份撥交樂嘉中學應用」文內未敘明何學院撥給何校惟查本校係工業性質最少須工學院全部

學院撥給樂嘉中學應用如分割工學院本校實難充設備相應函達即希查照並請將辦理情形見示以便轉報為荷此致

武大留樂辦事處

校長 馮

① ②

①学校将部分校舍校具赠送给国立中央技艺专科学校的凭证

②校长周鲠生给学生颁发的复员证

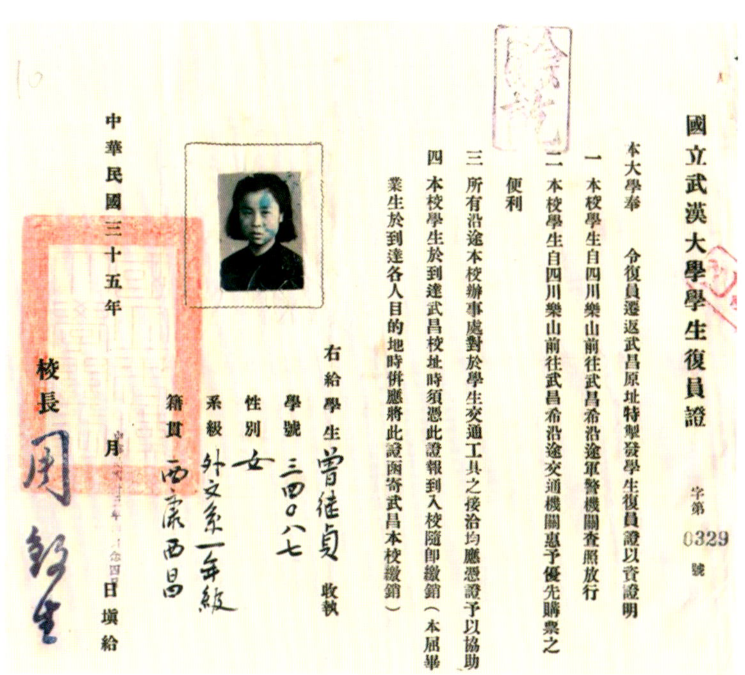
國立武漢大學學生復員證 字第0329號

本大學奉 令復員遷返武昌原址特製發學生復員證以資證明

一 本校學生自四川樂山前往武昌希沿途軍警機關查照放行

二 本校學生自四川樂山前往武昌希沿途交通機關惠予優先購票之便利

三 所有沿途本校辦事處對於學生交通工具之接洽均應憑證予以協助

四 本校學生於到達武昌校址時須憑此證報到入校隨即繳銷（本屆畢業生於到達各人目的地時併應將此證函寄武昌本校繳銷）

右給學生 曾繼貞 收執

學號 三四〇八七

性別 女

系級 外文系一年級

籍貫 西康西昌

校長 周鯁生

中華民國三十五年 月 日填給

2 组织沿革

1947年国立武汉大学的院系设置

学　院	学　系
文学院	中国文学系、外国文学系、哲学系、史学系
法学院	法律学系、政治学系、经济学系
理学院	数学系、物理学系、化学系、生物学系
工学院	土木工程学系、机械工程学系、电机工程学系、矿冶工程学系
农学院	农艺学系、森林学系、园艺学系、农业化学系
医学院	（暂未分系）

①
②

①“国立武汉大学”校门牌坊背面的“文、法、理、工、农、医”六字

②1947年落成的农学院大楼

①
②

①1947年国立武汉大学附设医院病室及门诊部

②1946年设于东厂口旧校舍的国立武汉大学城区办事处暨医院筹备处

教務長 余熾昌先生
訓導長 朱萃濬先生
總務長 葛揚煥先生
文學院長 劉永濟先生
法學院長 劉秉麟先生
理學院長 桂質廷先生
工學院長 曹誠克先生
農學院長 葉雅各先生
醫學院教授兼代醫學院院長 周金黃先生
醫學院教授兼附設醫院院長 白施恩先生
圖書館主任 曾昭安先生
（各科研究所主任已按教育部之規定，改由各系系主任兼任）
中國文學系主任 劉博平先生
外國文學系主任 吳宓先生
哲學系主任 萬卓恒先生
史學系主任 吳于廑先生
法律系主任 燕樹棠先生
政治系主任 劉迺誠先生
經濟系主任 張培剛先生
數學系主任 曾昭安先生
物理系主任 查謙先生
化學系主任 陶延橋先生
生物系主任 張鋌澄先生
土木系代主任 俞忽先生
機械系主任 劉穎先生

①1947年学校聘任的教务长、训导长、总务长、各学院院长及系主任名单

②1948年的国立武汉大学珞珈山校园

①②③
④⑤

①周鲠生（1889—1971） 又名周览，湖南长沙人。英国爱丁堡大学硕士、巴黎大学法学博士。1945—1949年任国立武汉大学校长。

②张 珽（1884—1950） 号镜澄，安徽桐城人。1928年8月任国立武汉大学生物系教授，1947年任教务长。

③余炽昌（1899—1976） 号稚松，浙江绍兴人。1933年2月任国立武汉大学工学院教授。1938年底重回武大。任训导长、教务长、工学院院长等职。

④朱萃濬 号哲夫，湖北宜昌人。1943年任国立武汉大学政治系教授。1947—1949年任训导长。

⑤葛扬焕（1899—1972） 号旌文，江西丰县人。法学院教授。1945年8月— 1949年任总务长。

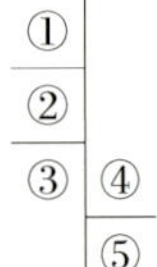

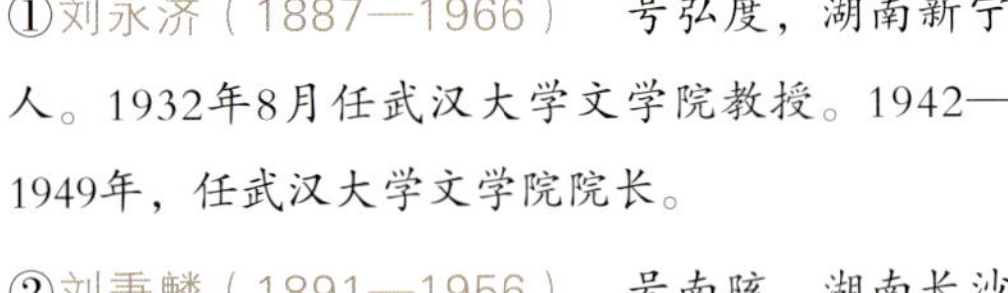

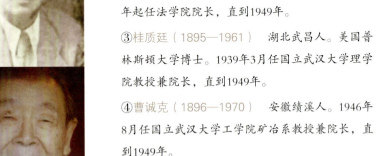

①刘永济（1887—1966）　号弘度，湖南新宁人。1932年8月任武汉大学文学院教授。1942—1949年，任武汉大学文学院院长。

②刘秉麟（1891—1956）　号南陔，湖南长沙人。1932年8月任国立武汉大学法学院教授。1938年起任法学院院长，直到1949年。

③桂质廷（1895—1961）　湖北武昌人。美国普林斯顿大学博士。1939年3月任国立武汉大学理学院教授兼院长，直到1949年。

④曹诚克（1896—1970）　安徽绩溪人。1946年8月任国立武汉大学工学院矿冶系教授兼院长，直到1949年。

⑤周金黄（1909—1999）　湖北黄冈人。北平协和医学院医学博士。1946—1949年任武汉大学医学院教授代理院长、院长，兼附属医院院长。

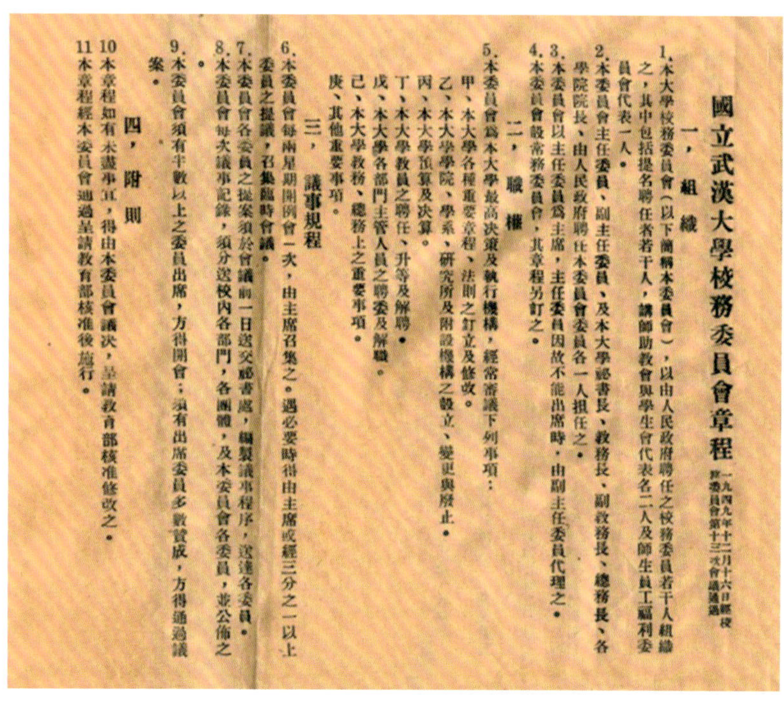

國立武漢大學校務委員會章程

（一九四九年十二月十六日經校務委員會第十三次會議通過）

一，組織

1.本大學校務委員會（以下簡稱本委員會），以由人民政府聘任之校務委員若干人組織之，其中包括提名聘任者若干人，講師助教會與學生會代表各二人及師生員工福利委員會代表一人。

2.本委員會主任委員、副主任委員、及本大學秘書長、教務長、副教務長、總務長、各學院院長，由人民政府聘任本委員會委員各一人担任之。

3.本委員會以主任委員爲主席，主任委員因故不能出席時，由副主任委員代理之。

4.本委員會設常務委員會，其章程另訂之。

二，職權

5.本委員會爲本大學最高決策及執行機構，經常審議下列事項：

甲、本大學各種重要章程、法則之訂立及修改。

乙、本大學學院、學系、研究所及附設機構之設立、變更與廢止。

丙、本大學預算及決算。

丁、本大學教員之聘任、升等及解聘。

戊、本大學各部門主管人員之聘委及解職。

己、本大學教務、總務上之重要事項。

庚、其他重要事項。

三，議事規程

6.本委員會每兩星期開例會一次，由主席召集之。遇必要時得由主席或經三分之一以上委員之提議，召集臨時會議。

7.本委員會各委員之提案須於會議前一日送交秘書處，編製議事程序，送達各委員。

8.本委員會每次議事記錄，須分送校內各部門，各團體，及本委員會各委員，並公佈之。

9.本委員會須有半數以上之委員出席，方得開會；須有出席委員多數贊成，方得通過議案。

四，附則

10本章程如有未盡事宜，得由本委員會議決，呈請教育部核准修改之。

11本章程經本委員會通過呈請教育部核准後施行。

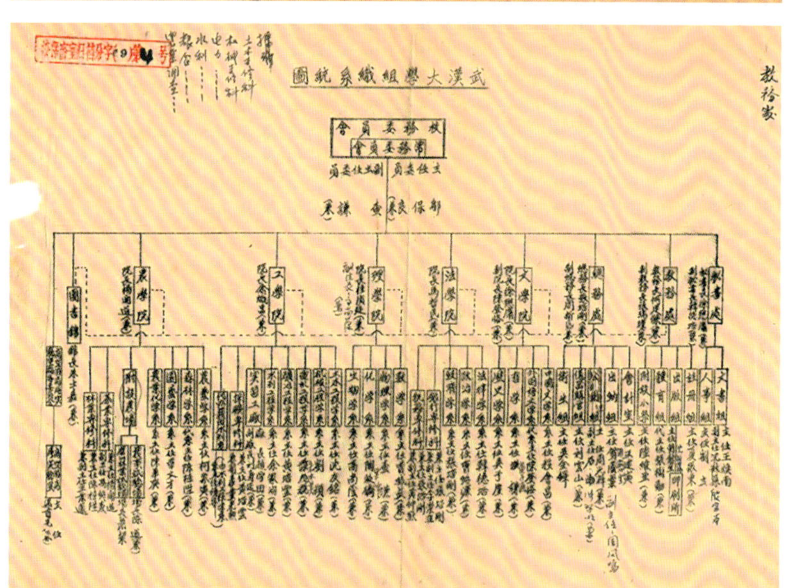

①1949年12月公布的学校校务委员会章程

②校务委员会制下的学校组织机构设置

3 学者名师

（一）文学院教授

①席启駉（1896—1966） 字鲁思，湖南东安人。著名古典文学研究专家，人称“鲁老”。1925年任国立武昌大学教授。1946年秋直到去世，任武汉大学中国文学系教授。

②徐天闵（1888—1957） 安徽怀宁人。著名古典文学研究专家、诗人。1929年8月受王世杰校长之邀，受聘于武大中文系。

③程迺颐（1900—1970） 江西南城人。1932年8月到1941年6月任国立武汉大学教育哲学系教授。1944年7月重返武汉大学哲学系任教授。

④周辅成（1911—2009） 四川江津人。国立清华大学哲学系毕业，先后担任四川大学、金陵大学教授。抗战胜利后转任武汉大学教授，1952年院系调整转到北京大学。

①施畸（1889—1973） 又名施俊，河北通县人。曾任国立山东大学、国立中山大学、国立湖南大学教授，抗战胜利后任国立武汉大学教授。中华人民共和国成立后，任兰州大学教授、历史系主任。

②吴 宓（1894—1978） 字雨僧、玉衡，笔名余生，陕西泾阳人。中国现代著名西洋文学家、国学大师、诗人。1946—1949年任武汉大学外文系教授兼系主任。

③陈尧成（1900—1986） 湖北宜昌人。日本东京帝国大学毕业回国后任教于武昌中山大学，1931年任教于国立武汉大学直到去世，为日语教授。

④戴镏龄（1913—1998） 江苏镇江人。1939年回国后任教于国立武汉大学，任教授兼外语系主任。在武汉大学任教十多年，后到中山大学。

⑤朱君允（1896—1966） 女，湖南常德人。1942年入武汉大学任教，是武汉大学文学院著名的五女教授之一。

⑥田德望（1909—2000） 祖籍河北省顺平县。中国著名翻译文学作家。抗战胜利后任国立武汉大学外国语文系教授，后任北京大学西方语言文学系德语教授。

①	②
	③
④	⑤
⑥	

①
②
③
④

①顾绶昌（1904—2002） 江苏江阴人。1946年秋至1954年夏，任武汉大学外语系教授，后调到中山大学西语系任教。

②冯祖荫 湖北广济人。国立武昌高等师范学校毕业，美国希腊古大学硕士。1943年11月到国立武汉大学文学院外文系任教授。

③吴于廑（1913—1993） 原名吴保安，字于廑，安徽休宁人。世界史学家。1947年回国任国立武汉大学历史系教授兼主任。

④梁园东（1901—1968） 山西忻县人。著名历史学家、教授。1945年任武汉大学教授。1950年8月任山西大学历史系教授。

①吴廷璆（1910—2003） 祖籍浙江绍兴，生于杭州。1944年担任武汉大学历史系教授。1949年调入南开大学工作。

②邓启东（1910—1960） 原名定隆，湖南新宁人。地理学家，1946年任武汉大学历史系教授。

③韦润珊 浙江东阳人。地理学家。1929年起任国立武汉大学史学系教授。

④方壮猷（1902—1970） 原名彰修，湖南湘潭人。1936年任武汉大学历史系教授，直到武汉解放。

①
②
③
④

（二）法学院教授

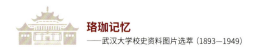

①	
②	③
	④
⑤	

①燕树棠（1891—1984） 字召亭，河北定县人。耶鲁大学法学博士。武汉大学法律系教授兼主任。

②韩德培（1911—2009） 江苏如皋人。1946年到武汉大学担任法律系教授。

③姚梅镇（1915—1993） 湖南益阳人。著名国际经济法学家，武汉大学教授。

④戴铭巽（1903—1970） 号凝之，江苏镇江人。1931年回国受聘于武汉大学经济系，次年秋季晋升为专任教授。

⑤刘涤源（1912—1997） 湖南湘乡人。1947年哈佛大学毕业，回母校武汉大学经济系执教，任教授直到去世。

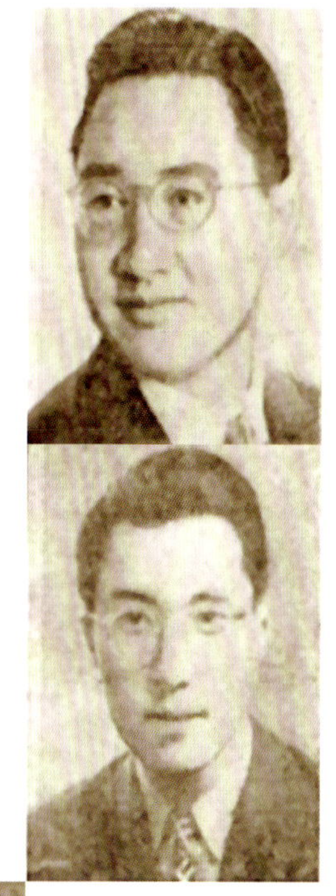

①周新民　湖北沔阳人。美国哥伦比亚大学硕士。1947年8月到国立武汉大学法学院任教授。

②李崇淮（1916—2008）　江苏淮阴人。美国耶鲁大学经济学硕士。1949年4月任武汉大学教授、经济管理系主任。

③曾炳钧（1905—1994）　别号仲刚，祖籍四川泸县。哥伦比亚大学博士。1946年任武汉大学教授兼政治系主任。

④曹绍濂（1904—1999）　湖南衡阳人。巴黎大学博士。1947年任武汉大学教授直到去世。

⑤萧洛轩　生于1904年。又名逸，江西永新人。英国都柏林大学外交学院政治学博士。抗战胜利后任武汉大学政治学系教授，后任西北大学政治学系教授。

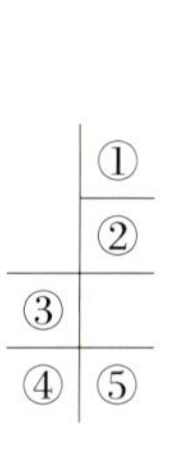

（三）理学院教授

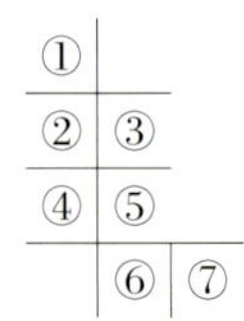

①叶　志（？—1952）　号静远，江苏泰县人。1928年11月到武大任教，与曾昭安、肖君绛、汤璪真数学系“元老”教授一起被尊称为“四巨头”。

②刘正经（1900—1958）　号乙阁，江西新建人。1931年10月任武汉大学理学院数学系教授。1953年院系调整后到华中工学院任数学教授。

③吴南薰　湖北沔阳人。日本东京帝国大学理学士，1928年9月起任国立武汉大学理学院物理系教授。退休后从事中国音乐史研究8年。

④叶　峤（1900—1990）　别号之真，浙江永嘉人。德国柏林大学理科博士。1935年起任武汉大学化学系教授直到去世。

⑤张资珙（1904—1968）　广东梅县人。约翰·霍普金斯大学哲学博士。抗战胜利后一直在武汉大学执教，任教授直到去世。

⑥何君超　曾在西南联合大学任教，抗战胜利后任国立武汉大学化学系教授。

⑦陈鼎铭　别号象岩，湖北汉川人。1928年8月国立武汉大学初创之时来武大任教，任理学院化学系教授。

（四）工学院教授

①②③④⑤

①余家洵　江西人。留德博士，1945年7月到武汉大学任土木工程系教授兼系主任。后到华东水利学院任教授。

②沈友铭（1899—1981）　湖北巴东人。毕业于美国威斯康星大学，著名的土木工程专家。1946年8月任武汉大学土木工程系教授，院系调整后到湖南大学任教授。

③石　琢　号作辑，湖南邵阳人。国立北洋大学土木工程系毕业。1945年10月任武汉大学土木工程系教授。

④刘　颖（1913—1984）　山东禹城人。美国密歇根大学机械工程和航空工程硕士。1945年任武汉大学教授、机械工程系主任。院系调整后到华中工学院任教授、副院长。

⑤赵学田（1900—1999）　号稼生，湖北巴东人。国立北京工业大学机械科毕业。1945年11月任武汉大学教授。1953年院系调整后到华中工学院任教授。

①周明澂　江苏泰县人。美国密歇根大学博士。1947年回国任武汉大学机械系教授。1952年调离学校。

②高宇昭　安徽巢县人。美国密歇根大学机械工程硕士。1946年8月到国立武汉大学机械系任教授。1953年院系调整后到华中工学院任机械系教授。

③蔡名芳　号实先，山东高密人。美国普鲁大学毕业，1944年9月任国立武汉大学机械系教授。1953年院系调整后到华中工学院任机械系教授。

④庆善骙　安徽含山人。国立东南大学机械工程学士，1940年8月到国立武汉大学任教授。1953年院系调整后到华中工学院任机械系教授。

⑤陈松友　山东德平人。国立北平大学机械系毕业。曾任北平大学工学院助教，四川成都高工职校机械科主任，铭贤学院讲师、副教授。1945年11月到国立武汉大学任教授。

①
②
③
④

①董太和（1915—2015） 浙江定海人。抗战胜利后任国立武汉大学电机系教授。中华人民共和国成立后任浙江大学教授。

②黄文治 江苏金山（今属上海市）人。1933年毕业于交通大学电机系。1947年11月任国立武汉大学矿冶系教授。中华人民共和国成立后任交通大学教授等。

③叶允竞 广东文昌人。上海国立交通大学电气工程系学士。1939年11月到国立武汉大学电机系任教授兼系主任。

④许宗岳 湖北武昌人。美国布朗大学哲学博士。1945年11月任国立武汉大学电机系教授。1953年院系调整后到华中工学院任电机系教授。

①	
②	③
	④
⑤	

①朱木美　山西右玉人。曾任同济大学教授。1944年7月到国立武汉大学任教授。1953年院系调整后到华中工学院任机械制造系负责人。

②周则岳　湖南益阳人。美国科罗拉多州矿科大学毕业。1945年11月任国立武汉大学矿冶系教授。

③华凤諏　河北天津人。国立北洋大学矿冶系毕业。1945年10月任国立武汉大学矿冶系教授。

④石　充　湖北黄梅人。美国哥伦比亚大学采矿工程师，1946年8月任国立武汉大学矿冶系教授。

⑤鲁循然　河南新野人。德国矿科博士，矿业专家。抗战胜利后任国立武汉大学矿冶系教授。

（五）教师聘任

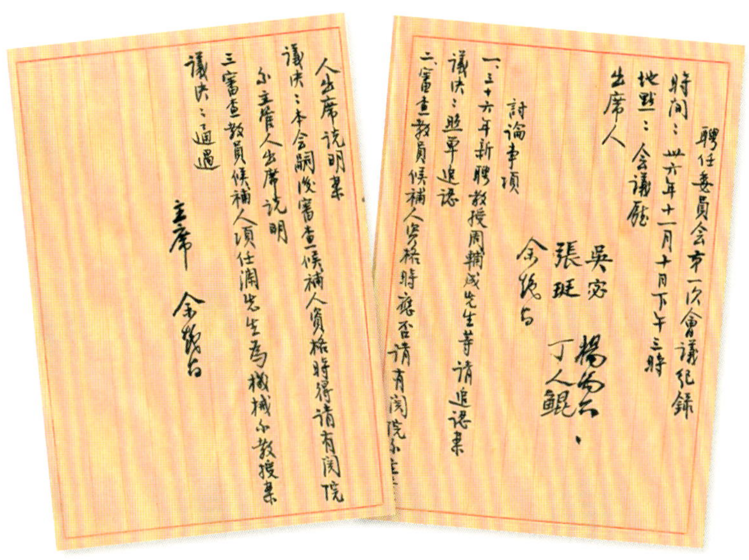

聘任委員会第一次會議紀錄
時間：卅六年十一月十日下午三時
地點：会議廳
出席人 吳宓 楊端六 張珽 丁人鯤、 金寶楨
討論事項
一、三十六年新聘教授周輔成先生等請追認案
議決：照單追認
二、審查教員候補人資格時應否請有関院系主管人出席說明案
議決：本会嗣後審查候補人資格時得請有関院系主管人出席說明
三、審查教員候補人項任潤先生為機械系教授案
議決：通過
主席 金寶楨

①
②③④

①1947年11月10日学校聘任委员会第一次会议记录

②1946年8月聘任吴宓为文学院教授的聘书

③1947年筹办医学院时聘任杨济时为院长的聘书

④1947年7月聘陈华癸为农学院教授的拟稿

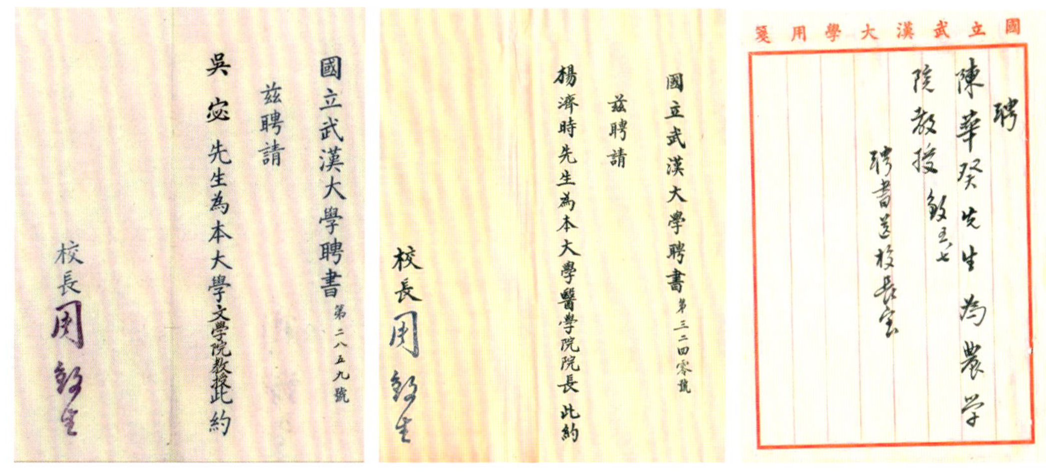

國立武漢大學聘書 第二八五九號
茲聘請
吳宓先生為本大學文學院教授此約
校長 周鯁生

國立武漢大學聘書 第三二四零號
茲聘請
楊濟時先生為本大學醫學院院長 此約
校長 周鯁生

國立武漢大學用箋
聘
陳華癸先生為農學院教授
敘三七
聘書送校長室

（六）院士评选

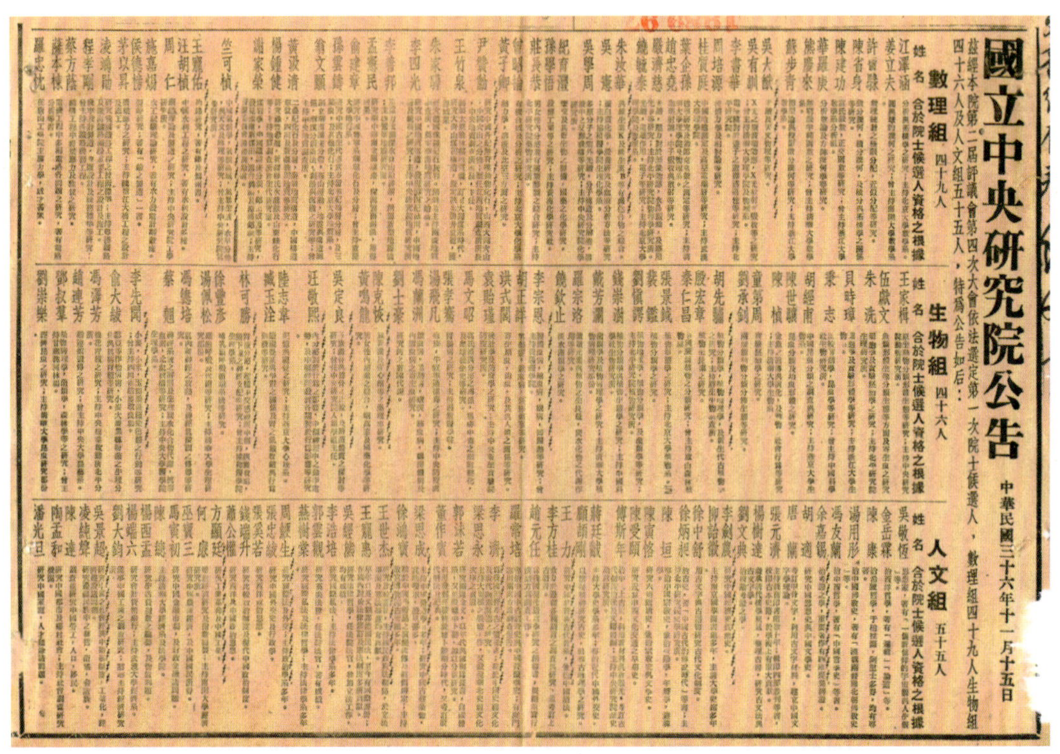

國立中央研究院公告

中華民國三十六年十一月十五日

茲經本院第二屆評議會第四次大會依法選定第一次院士候選人，數理組四十九人生物組四十六人及人文組五十五人，特爲公告如后：

數理組 四十九人

姓名 合於院士候選人資格之根據

江澤涵 姜立夫 許寶騄 陳省身 陳建功 華羅庚 熊慶來 蘇步青 吳大猷 吳有訓 李書華 周培源 桂質庭 葉企孫 趙忠堯 嚴濟慈 饒毓泰 朱汝華 吳憲 吳學周 紀育灃 孫學悟 莊長恭 曾昭掄 黃子卿 尹贊勳 王竹泉 朱家驊 李四光 李善邦 孟憲民 俞建章 孫雲鑄 翁文灝 黃汲清 楊鍾健 謝家榮 竺可楨 王寵佑 汪胡楨 周仁 施嘉煬 侯德榜 茅以昇 凌鴻勛 程孝剛 蔡方蔭 薩本棟 羅忠忱

生物組 四十六人

姓名 合於院士候選人資格之根據

王家楫 伍獻文 朱洗 貝時璋 秉志 胡經甫 陳世驤 陳楨 童第周 劉承釗 胡先驌 殷宏章 秦仁昌 張景鉞 裴鑑 劉慎諤 錢崇澍 戴芳瀾 羅宗洛 饒欽止 李宗恩 胡正詳 洪式閭 袁貽瑾 馬文昭 張孝騫 湯飛凡 馮蘭洲 劉士豪 陳克恢 黃鳴龍 吳定良 汪敬熙 陸志韋 臧玉洤 林可勝 徐豐彥 湯佩松 馮德培 蔡翹 李先聞 俞大紱 馮澤芳 趙連芳 鄧叔群 劉崇樂

人文組 五十五人

姓名 合於院士候選人資格之根據

吳敬恆 金岳霖 陳康 湯用彤 馮友蘭 余嘉錫 胡適 唐蘭 張元濟 楊樹達 劉文典 李劍農 柳詒徵 徐中舒 徐炳昶 陳垣 陳寅恪 陳受頤 傅斯年 蔣廷黻 顧頡剛 王力 李方桂 趙元任 羅常培 李濟 梁思永 郭沫若 董作賓 梁思成 徐鴻寶 王世杰 王寵惠 吳經熊 李浩培 郭雲觀 燕樹棠 周鯁生 張忠紱 張奚若 錢端升 蕭公權 方顯廷 何廉 巫寶三 馬寅初 陳總 楊西孟 楊端六 劉大鈞 吳景超 凌純聲 陳達 陶孟和 潘光旦

1947年11月15日公布的全国150名院士候选人，武汉大学有5名候选人。

①	②
	③
	④
	⑤

①桂质廷（1895—1961） 湖北武昌人。美国耶鲁大学学士，康奈尔大学硕士，普林斯顿大学博士。1939年3月任国立武汉大学理学院教授。我国地磁与电离层研究领域的奠基人之一。

②李剑农（1880—1963） 湖南邵阳人。教育家。从事戊戌以来中国政治史的研究。1930年秋，担任武汉大学教授，讲授中国近代政治史课程。1947年重返武汉大学执教。

③燕树棠（1891—1984） 字召亭，河北定县人。耶鲁大学法学博士。武汉大学法律系教授兼主任。

④周鲠生（1889—1971） 又名周览，湖南长沙人。英国爱丁堡大学硕士，巴黎大学法学博士。1929年参与国立武汉大学的筹建，后任国立武汉大学教授兼政治系和法律系主任、法科研究所所长及教务长。1945年任国立武汉大学校长。

⑤杨端六（1885—1966） 原名杨勉，后易名杨超。湖南长沙人。1930年后一直受聘于国立武汉大学，曾任法学院院长、教务长、教授兼经济系主任、文科研究所经济学部主任。1942年被评为“部聘教授”。

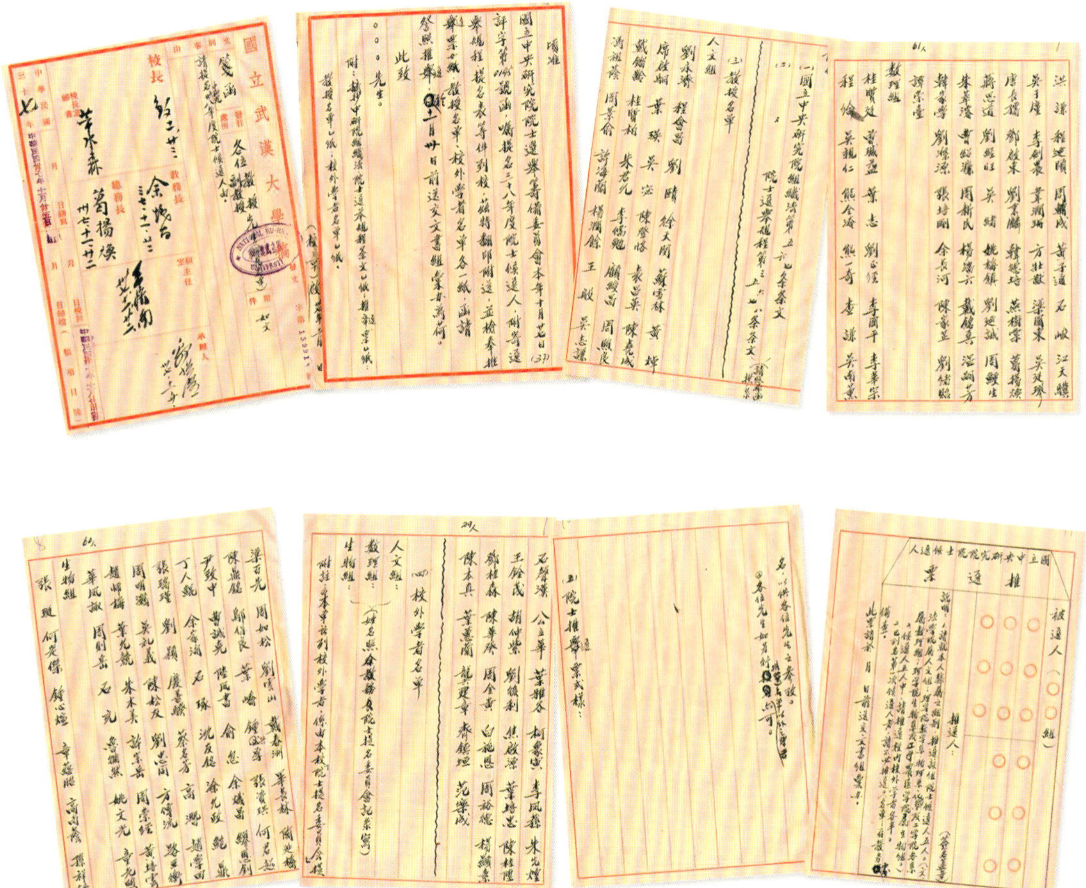

1948年11月，学校推荐150人作为1949年的院士评选候选人。以上8张图为当年的选票和候选人名单。

4 学术成果

1948-189

中國古代圖騰部落之一

國立武漢大學社會科學季刊抽印本　一九四八年十二月印

梁園東

1948

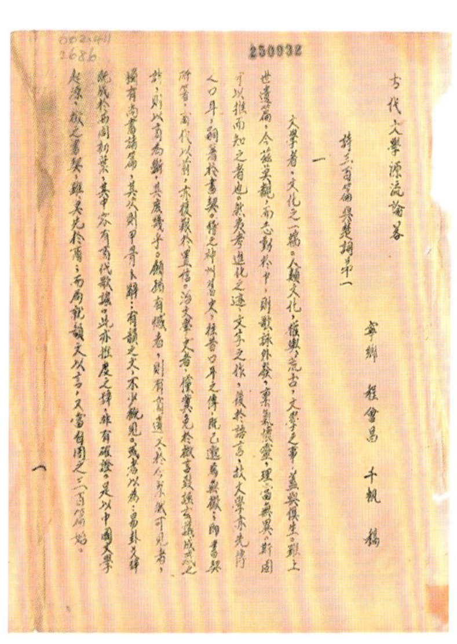
古代文學源流論略

寧鄉　程會昌　千帆　稿

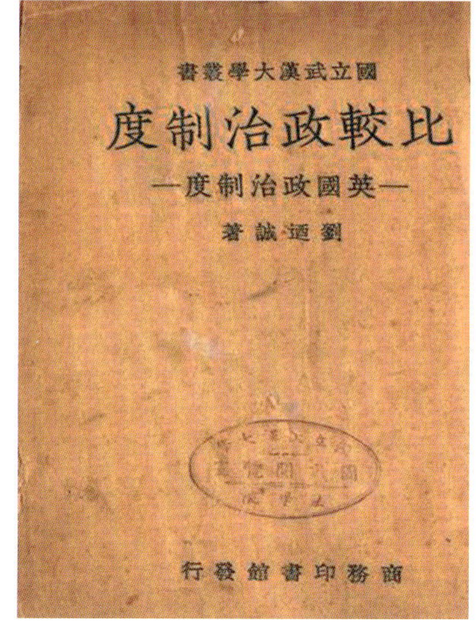
國立武漢大學叢書

比較政治制度

—英國政治制度—

劉迺誠著

商務印書館發行

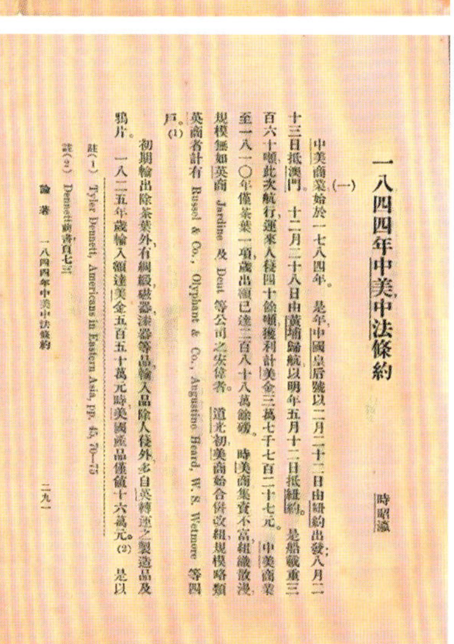
一八四四年中美中法條約

時昭瀛

（一）

中美商業始於一七八四年。是年中國皇后號以二月二十二日由紐約出發，八月二十三日抵澳門。十二月二十八日由黃埔歸航，以明年五月十二日抵紐約。是船載重三百六十噸，此次航行運來人發四十餘噸，獲利計美金三萬七千七百二十七元。中美商業至一八一〇年僅茶葉一項，歲出額已達二百八十八萬餘磅。時美商集資不富，組織散漫，規模無如英商 Jardine 及 Dent 等公司之安偉者。道光初，美商始合併改組，規模略類英商者計有 Russel & Co., Olyphant & Co., Augustine Heard, W. S. Wetmore 等四戶。(1)

初期輸出除茶葉外，有綢緞、磁器、漆器等品，輸入品除人發外，多自英轉運之製造品及鴉片。一八二五年歲輸入額達美金五百五十萬元，時美國產品僅值十六萬元。(2) 是以

註(1) Tyler Dennett, Americans in Eastern Asia, pp. 45, 70—75

註(2) Dennett前書頁七三

論著　一八四四年中美中法條約　二九一

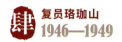

①1948年12月历史系梁园东教授发表的论文《中国古代图腾部落之一》

②中文系程千帆教授的著作《古代文学源流论略》

③政治系刘迺诚教授的著作《比较政治制度——英国政治制度》

④政治系时昭瀛教授的论著《一八四四年中美、中法条约》

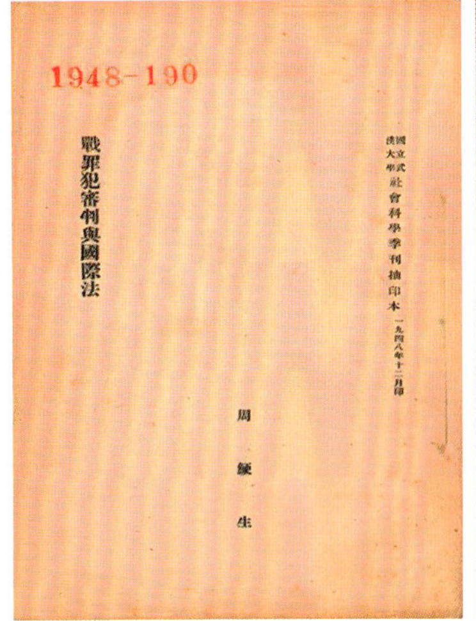

國立武漢大學社會科學季刊抽印本 一九四八年十二月印

戰罪犯審判與國際法

周鯁生

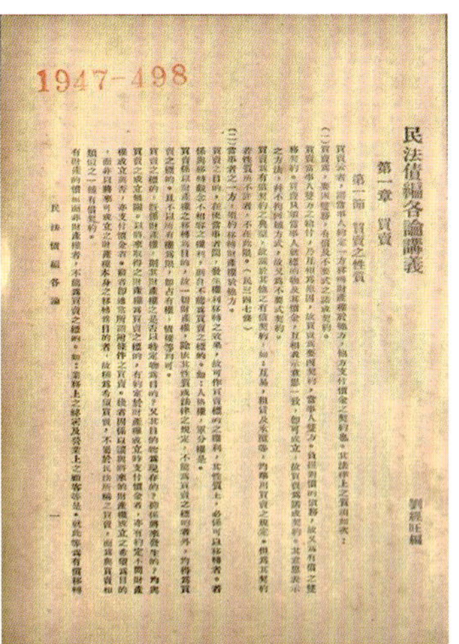

民法債編各論講義

劉經旺編

第一章 買賣

第一節 買賣之性質

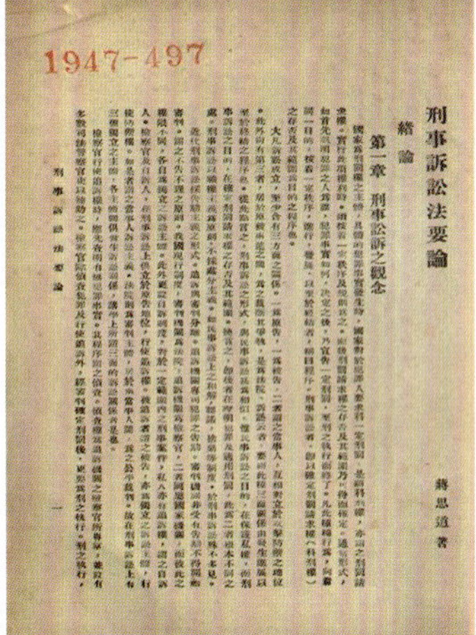

刑事訴訟法要論

蔣思道著

緒論

第一章 刑事訴訟之觀念

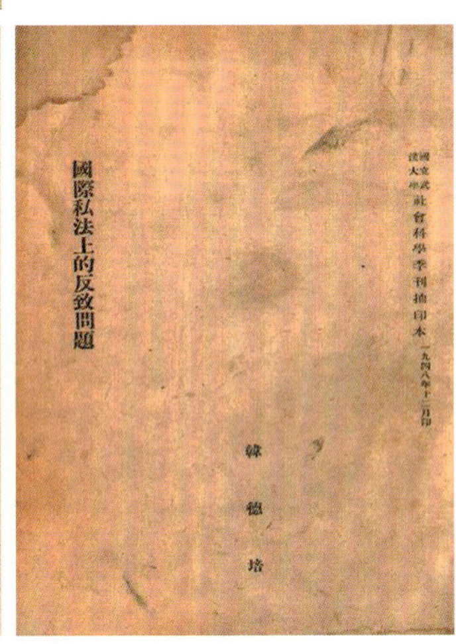
國立武漢大學社會科學季刊抽印本 一九四八年十二月印

國際私法上的反致問題

韓德培

① ②
③ ④

①法律系周鲠生教授发表的论文《战罪犯审判与国际法》

②法律系刘经旺教授编的《民法债编各论讲义》

③法律系蒋思道教授的著作《刑事诉讼法要论》

④法律系韩德培教授发表的论文《国际私法上的反致问题》

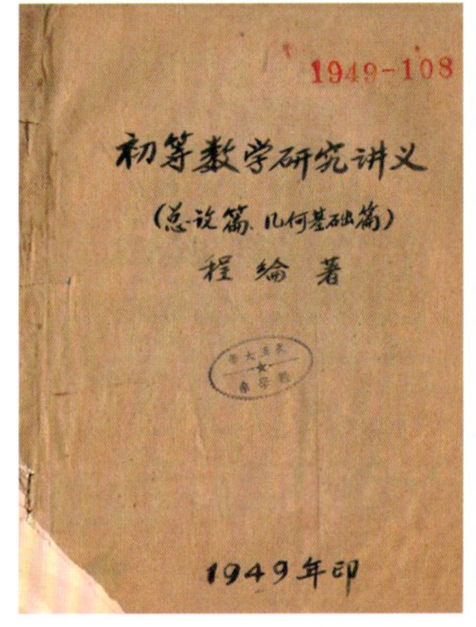

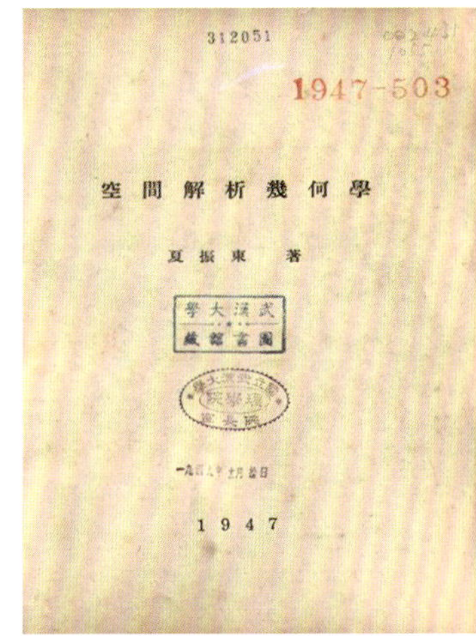

①②
③④⑤

①数学系程纶副教授的著作《初等数学研究讲义》

②数学系萧君绛教授的著作《行列式论与矩阵论》

③数学系夏振东讲师的著作《空间解析几何学》

④数学系熊全淹副教授的著作《微分积分学》

⑤武汉大学经济学会印、学校教授撰写的《新民主主义经济讨论集》

5 英才辈出

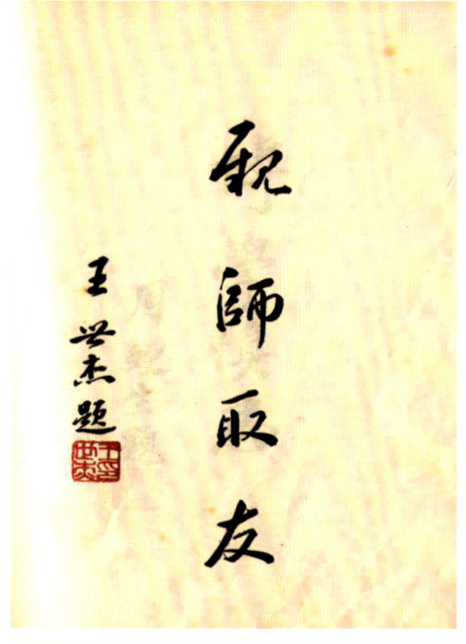

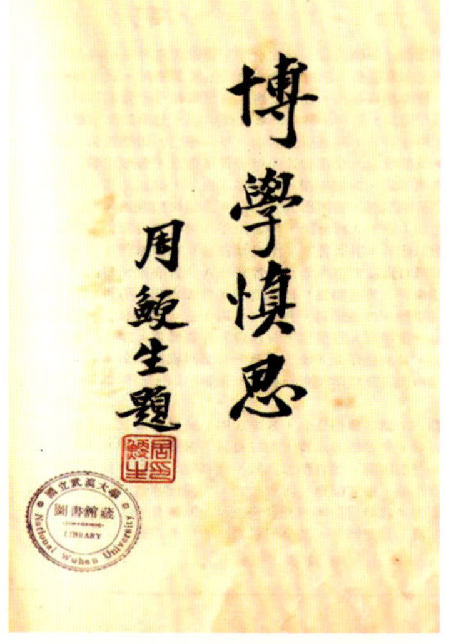

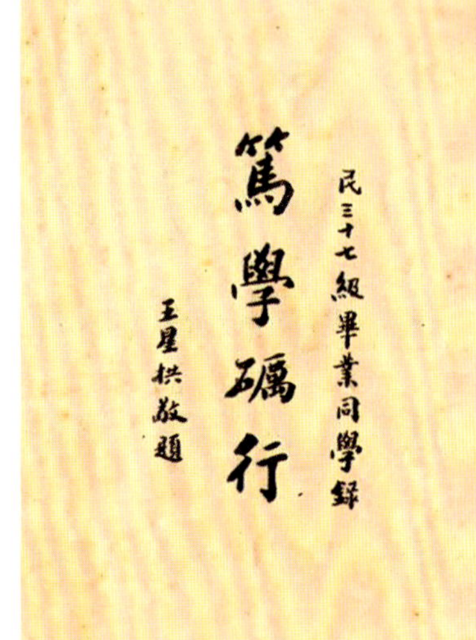

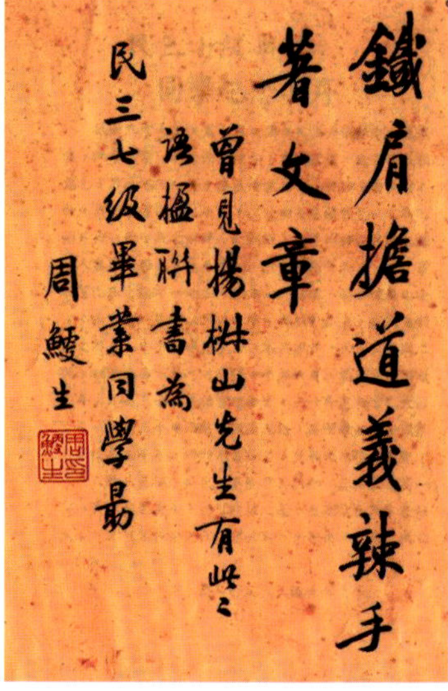

①②
③④

①国立武汉大学第一任校长王世杰（任期1929—1933）为1947年的毕业生题词

②国立武汉大学第三任校长周鲠生（任期1945—1949）为1947年的毕业生题词

③国立武汉大学第二任校长王星拱（任期1933—1945）为1948年的毕业生题词

④时任校长周鲠生为1948年的毕业生题词

武汉大学解放前历年学生人数统计表

		1929	1930	1931	1932	1933	1934	1935	1936	1937	1938	1939	1940	1941	1942	1943	1944	1945	1946	1947	1948	1949
在校人数	小計	205	401	585	615	603	573	577	647	791	911	1,176	1,384	1,521	1,613	1,586	1,303	1,375	1,664	1,740	1,669	1,692
	文	81	140	186	185	161	139	140	141	177	171	166	186	183	228	299	198	220	216	222	214	[illegible]
	法	69	134	208	214	207	179	168	183	213	243	355	427	519	552	536	514	548	720	720	684	[illegible]
	理	33	76	107	112	116	116	115	121	130	177	158	143	144	142	129	122	124	152	166	191	[illegible]
	工	22	51	84	104	119	139	154	187	227	320	497	628	675	691	622	469	481	554	570	501	596
	农								15	44									22	35	46	169
	医																			29	43	99
入学人数	小計	127	217	221	111	130	171	204	215	291	339	480	485	437	485	474	336	489	734	535	384	705
	文	38	66	58	21	30	44	55	46	65	57	53	73	64	91	78	42	75	91	72	49	51
	法	46	71	84	45	32	40	59	57	67	82	120	106	130	156	154	115	185	351	183	117	71
	理	21	45	36	26	31	38	37	44	50	67	57	35	47	46	56	44	60	75	66	54	147
	工	22	35	43	19	37	49	53	53	82	133	250	271	196	192	186	135	169	195	170	121	258
	农								15	27									22	25	24	118
	医																			29	19	60
毕业班人数	小計			49	118	178	164	107	94	136	181	175	205	234	333	388	299	255	286	259	322	309
	文			17	48	62	43	30	17	32	40	42	37	25	30	46	41	47	43	34	47	31
	法			18	37	59	63	41	25	41	54	47	59	106	121	131	128	111	124	93	149	127
	理			14	18	34	25	21	23	24	43	34	29	29	30	26	24	20	18	21	33	36
	工				15	23	33	15	29	39	44	52	80	74	152	185	106	75	101	111	93	108
	农																					7
	医																					

解放前历年毕业人数共計約3,781人（即1929—1948年毕业班人数，49年的不計算在内）

①1929—1949年学校培养的学生人数统计表

②1946年入学的外国文学系学生

③1946年入学的机械工程学系学生

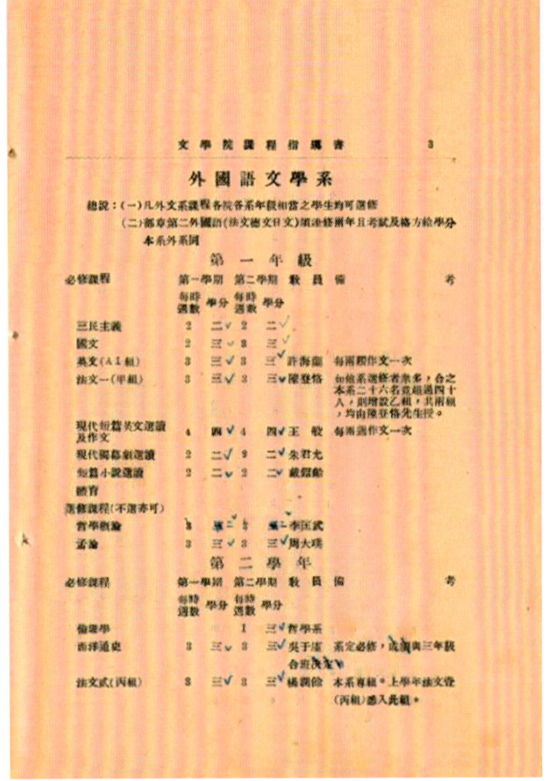

文學院課程指導書 3

外國語文學系

總說：(一)凡外文系課程各院各系年級相當之學生均可選修

(二)部章第二外國語(法文德文日文)須連修兩年且考試及格方給學分本系外系同

第一年級

必修課程	第一學期 每時週數	第一學期 學分	第二學期 每時週數	第二學期 學分	教員	備考
三民主義	2	二	2	二		
國文	2	三	2	三		
英文(A1組)	3	三	3	三	許海蘭	每兩週作文一次
法文一(甲組)	3	三	3	三	陳登恪	如他系選修者衆多，合之本系二十六名總額過四十八，則增設乙組，其兩組，均由陳登恪先生授。
現代短篇英文選讀及作文	4	四	4	四	王 敬	每兩週作文一次
現代獨幕劇選讀	2	二	2	二	朱君允	
短篇小說選讀	2	二	2	二	戴鎦齡	
體育						
選修課程(不選亦可)						
哲學概論	3	三	3	三	李匡武	
孟論	3	三	3	三	周大璞	

第二學年

必修課程	第一學期 每時週數	第一學期 學分	第二學期 每時週數	第二學期 學分	教員	備考
倫理學			1	三	哲學系	
西洋通史	3	三	3	三	吳于廑	系定必修，能否與三年級合班決定
法文貳(丙組)	3	三	3	三	楊潤餘	本系專組。上學年法文登(丙組)歸入此組。

國立武漢大學三十六學年度各院系成績最優學生名單

學號 系	級	姓名	總平均成績	備註
三三〇三八 史	二	陳仲安	八六、八八	院奨學金
三二〇六五 中	四	賀 廣	八五、五三	系奨學金
三四〇二〇 外	三	周紀[illegible]	八四、〇〇	仝右
三二〇五四 哲	四	侯春福	八八、五〇	仝右
三五〇八九 史	二	黄集[illegible]	八八、七三	仝右
三三一四六 政	四	郭懋安	八六、〇五	院奨學金
三五一三八 法	三	黄世隆	八五、一〇	系奨學金
三六二六〇 [illegible]	四	劉愛珠	八七、五六	仝右

①1947年文学院外国语文学系的课程安排

②1947年成绩最优学生名单

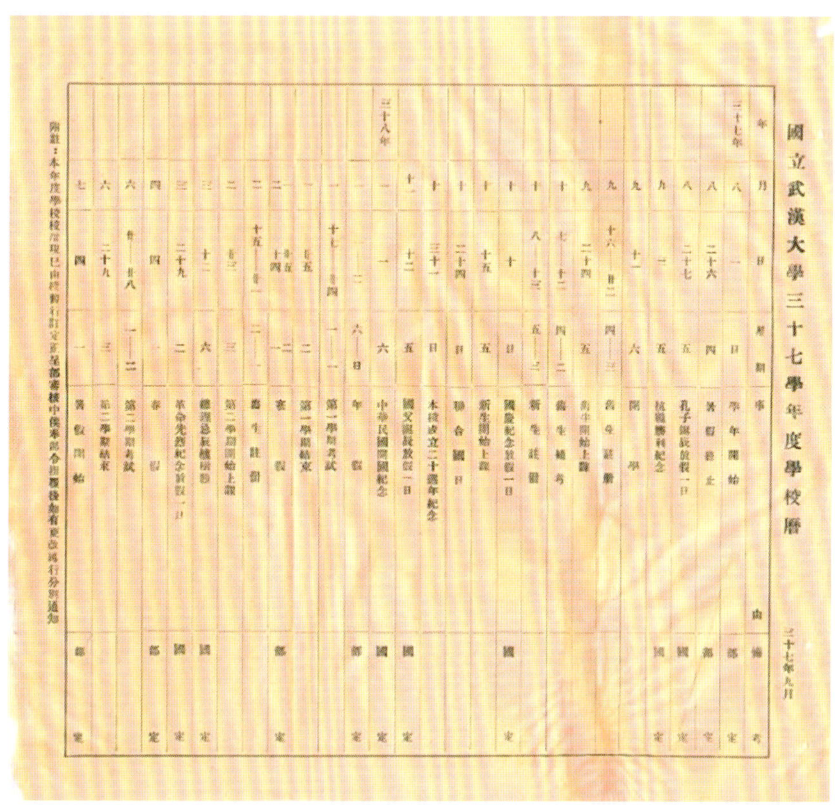

國立武漢大學三十七學年度學校校曆

三十七年九月

年	月	日	星期	事由	備考
三十七年	八	一	日	學年開始	部定
	八	二十六	四	暑假終止	部定
	八	二十七	五	孔子誕辰放假一日	國定
	九	三	五	抗戰勝利紀念	國定
	九	十一	六	開學	
	九	十六—廿二	四—三	舊生註冊	
	九	二十四	五	舊生開始上課	
	十	七—十二	四—二	舊生補考	
	十	八—十三	五—三	新生註冊	
	十	十	日	國慶紀念放假一日	國定
	十	十五	五	新生開始上課	
	十	二十四	日	聯合國日	
	十	三十一	日	本校成立二十週年紀念	
	十一	十二	五	國父誕辰放假一日	國定
三十八年	一	一	六	中華民國開國紀念	國定
	一	一—二	六—日	年假	部定
	一	十七—廿四	一—一	第一學期考試	
	一	廿五	二	第一學期結束	
	一—二	廿五—十四	二—一	寒假	部定
	二	十五—廿一	二—一	舊生註冊	
	二	廿三	三	第二學期開始上課	
	三	十二	六	總理逝世紀念植樹節	國定
	三	二十九	二	革命先烈紀念放假一日	國定
	四	四	一	春假	部定
	六	廿一—廿八	一—二	第二學期考試	
	六	二十九	三	第二學期結束	
	七	四	一	暑假開始	部定

附註：本年度學校校曆現已由校暫行訂定並呈部審核中俟奉部令核准後如有更改再行分別通知

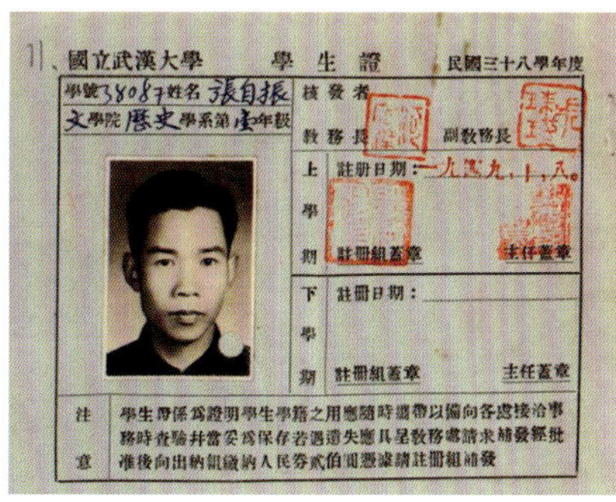

國立武漢大學 學生證 民國三十八學年度

學號 38087 姓名 張自振

文學院 歷史學系第壹年級

核發者 教務長 副教務長

上學期 註册日期：一九四九.十.八. 註冊組蓋章 主任蓋章

下學期 註冊日期： 註冊組蓋章 主任蓋章

注意 學生證係為證明學生學籍之用應隨時攜帶以備向各處接洽事務時查驗并當妥為保存若遺失應具呈教務處請求補發經批准後向出納組繳納人民券貳佰圓憑據請註冊組補發

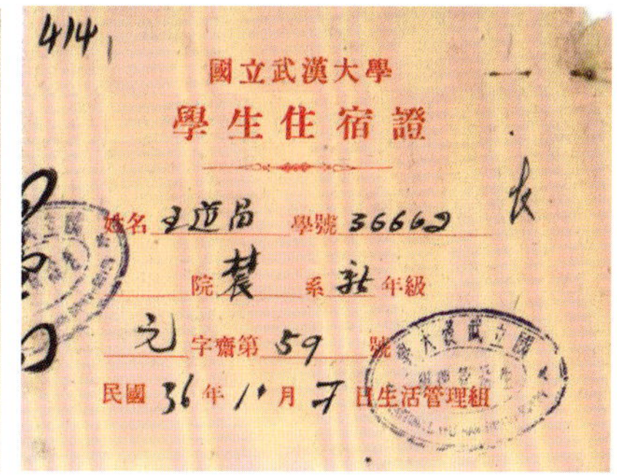

414

國立武漢大學

學生住宿證

姓名 王道昌 學號 36662

院 系 年級

元字齋第 59 號

民國 36 年 10 月 7 日生活管理組

①1948学年度的学校校历

②1949年入学的历史系学生张自振的学生证

③1947年农学院学生王道昌的住宿证

①｜②
③

①工学院学生做实验的热工实验室

②工学院学生做实验的电机实验室

③武大学生在学校附近的杨家湾茶馆小憩（今振华楼处）（1948年）

（一）文学院

①孟宪鸿　1926年生，河南孟县人。1947年10月入武汉大学文学院中国文学系学习，后留校任教，哲学系教授。

②李晓声（1921—2011）　江苏常州人。1942年秋由中央大学转读乐山武汉大学哲学系，1943年春投笔从戎，1944年应聘为同盟国东南亚盟军中缅印战区（CBI Theater）翻译。抗日战争胜利后，在乐山武大复学并改读外文系，1948年毕业。

③童懋林　1928年生，河南信阳人。1947年11月入武汉大学文学院中国文学系学习，后留校任教。曾担任过武汉大学副校长。

④李植枬　1927年生，湖北汉川人。1947年11月入武汉大学文学院历史系学习，后留校任教，历史系教授。

⑤李德永　1927年生，湖北汉阳人。1947年9月考入武汉大学哲学系，北大研究生班毕业。李达校长重建武大哲学系后调入武大，哲学系教授。

	①
②	③
④	⑤

（二）法学院

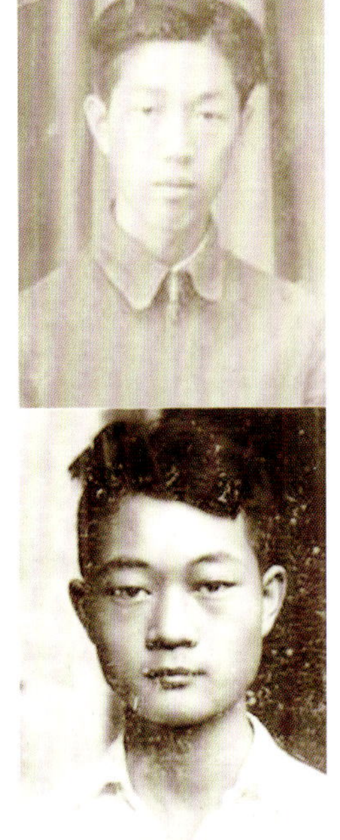

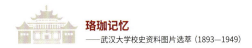

①
②
③ ④
⑤

①马克昌（1926—2011）　河南西华人。法学家。1950年毕业于武汉大学法律系，后入中国人民大学法律系研究生班，1952年返回武汉大学任教。

②刘丰名　1929年生，四川江北人。1946年夏入武汉大学法律系读书。1984年回武汉大学法学院任教，曾任法学院国际法系主任。

③董辅礽（1927—2004）　浙江宁波人。中国著名经济学家，有“一代经济学大师”之称。1950年毕业于武汉大学经济系。

④何炼成（1928—2022）　湖南浏阳人。1947—1951年就读于武汉大学经济系。著名经济学家、教育家，全国劳动模范、陕西省首届社科名家。

⑥郭吴新（1927—2019）　湖北浠水人。1950年毕业于武汉大学经济系。1952年中国人民大学研究生毕业。武汉大学教授。

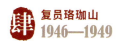

（三）理学院

①丁夏畦（1928—2015） 湖南益阳人。数学家，中国科学院院士。1951年毕业于武汉大学数学系。

②齐民友（1930—2021） 安徽芜湖人。1948年考入武汉大学数学系，后留校任教，曾任武汉大学校长。

③石展之 1927年生，女，湖北黄梅人。1946年11月入理学院物理系学习，后留校任教，为物理系教授。

④查全性（1925—2019） 安徽泾县人。电化学家，中国科学院学部委员，武汉大学教授、博士生导师。1950年从武汉大学化学系毕业后留校任教。

	①
②	③
	④

①
②
③
④

①李声畸（1928—2021） 女，湖北潜江人。中共一大代表李汉俊烈士的女儿。1947年考入武汉大学化学系，毕业后留校任教，为武大教授。

②吴萱阶 1926年生，湖南安化人。1947年10月入理学院化学系学习，后留校任教，为化学系教授。

③屈松生 1927年生，湖南长沙人。1947年10月入理学院化学系学习，后留校任教，为化学系教授。

④汪向明 1929年生，湖南醴陵人。1947年10月入理学院生物系学习，后留校任教，为生物系教授。

①
②
③

（四）工学院

①谢鉴衡（1925—2011） 湖北洪湖人。河流泥沙工程学家，中国工程院院士，1950年毕业于武汉大学。

②黄树槐（1930—2007） 湖南宁远人。中国机械学家、教育家。1952年毕业于武汉大学机械系。

③史长捷 1925年生，湖北安陆人。无线电遥测专家。1948年毕业于武汉大学电机系。

（五）农学院

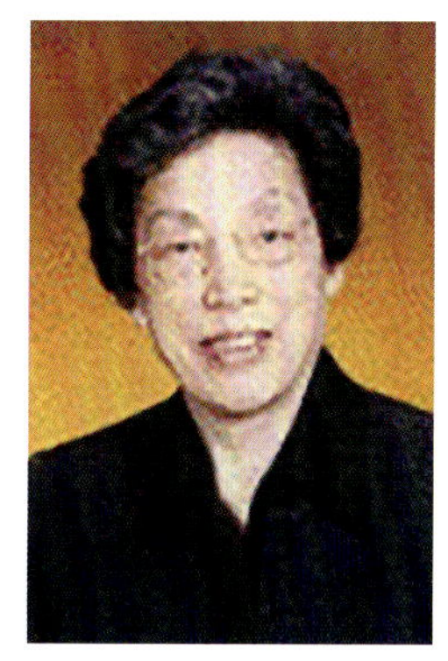

陈文新（1926—2021） 女，出生于湖南浏阳革命烈士家庭。1952年毕业于武汉大学农学院。著名的土壤微生物及细菌分类学家，中国科学院院士，中国农业大学生物学院教授。

6 革命浪潮

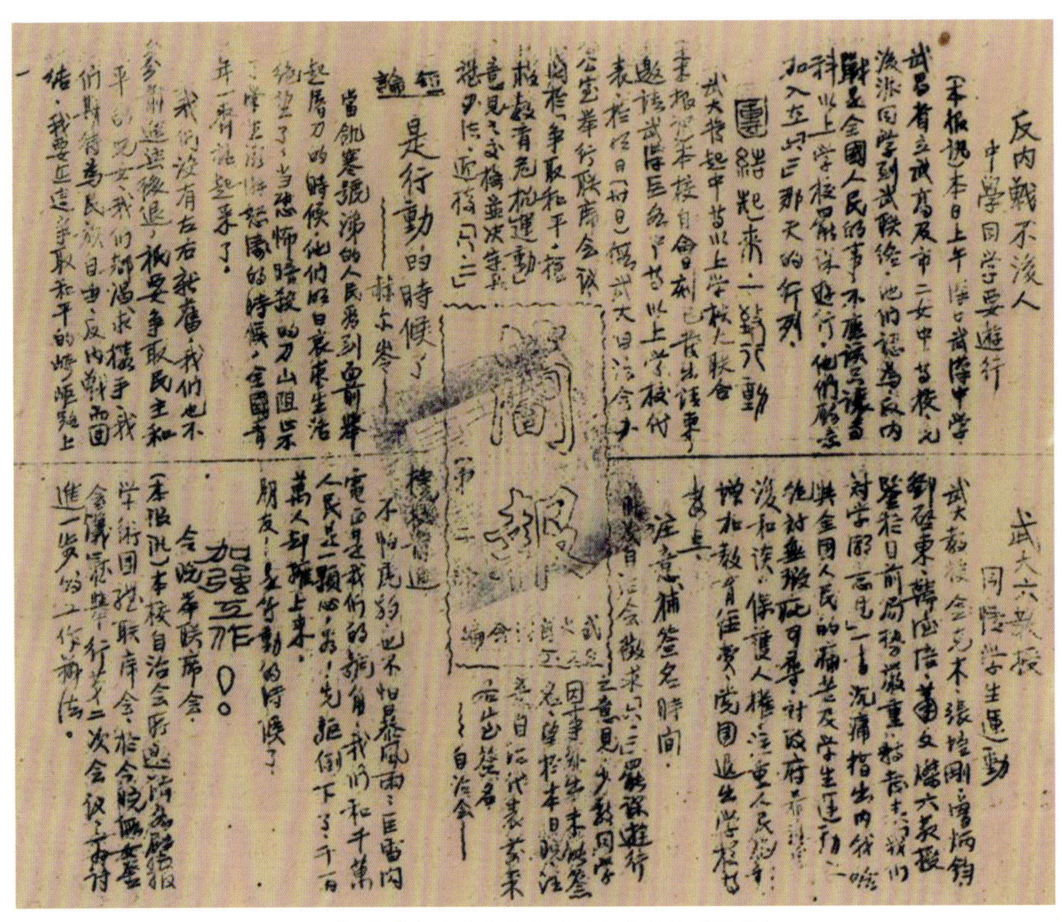

反內戰不後人
中學同學要遊行

團結起來，一致行動

短論
是行動的時候了

簡報

武大六教授
同情學生運動

注意補簽名時間

1947年5月武大自治会编印反对打内战的《简报》

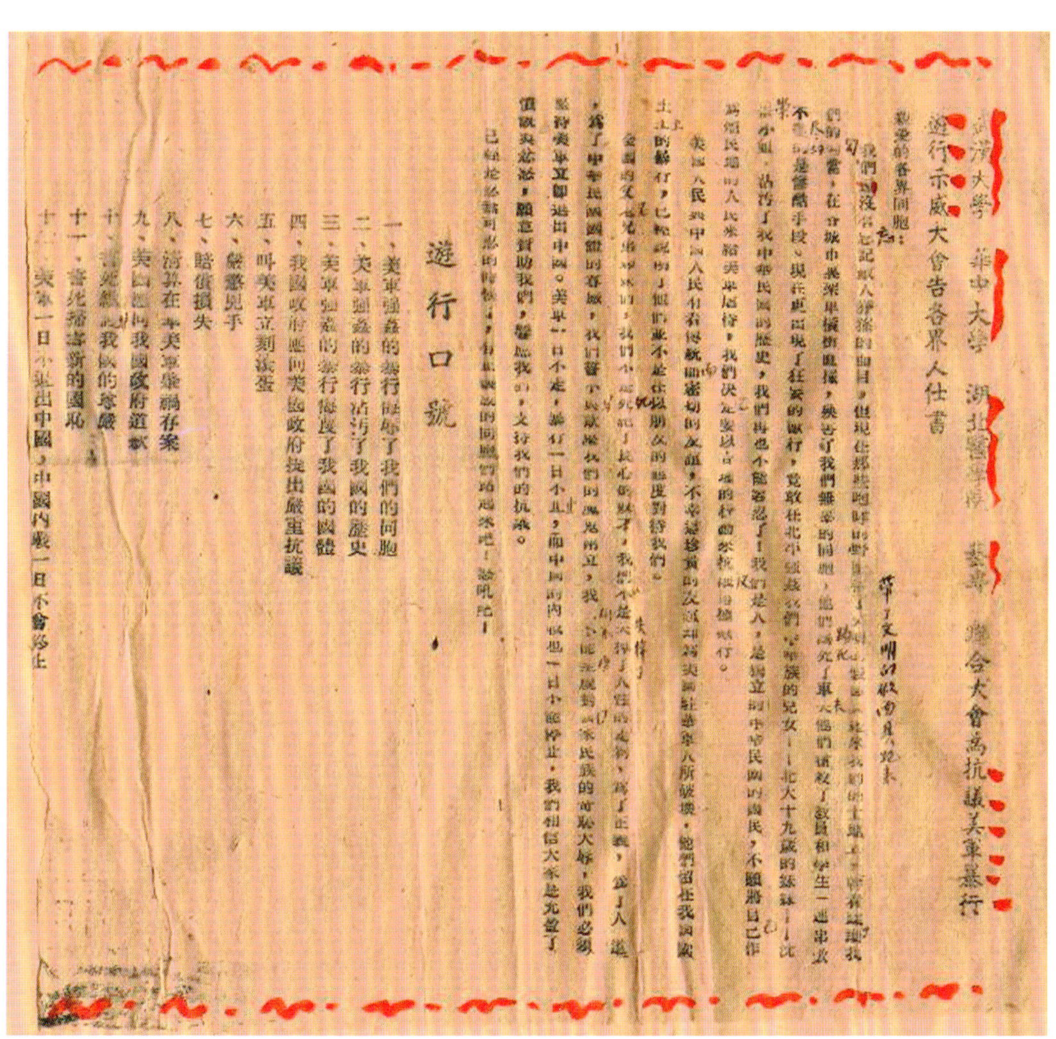

武漢大學 華中大學 湖北醫學院 藝專 聯合大會為抗議美軍暴行
遊行示威大會告各界人仕書

親愛的各界同胞：

[illegible]

遊行口號

一、美軍強姦的暴行侮辱了我們的同胞
二、美軍強姦的暴行沾污了我國的歷史
三、美軍強姦的暴行侮辱了我國的國體
四、我國政府應向美國政府提出嚴重抗議
五、叫美軍立刻滾蛋
六、嚴懲兇手
七、賠償損失
八、清算在華美軍肇禍存案
九、美國應向我國政府道歉
十、[illegible]我國的尊嚴
十一、[illegible]的國恥
十二、美軍一日不退出中國，中國內戰一日不會終止

1947年武汉大学联合武汉的高校抗议美军暴行

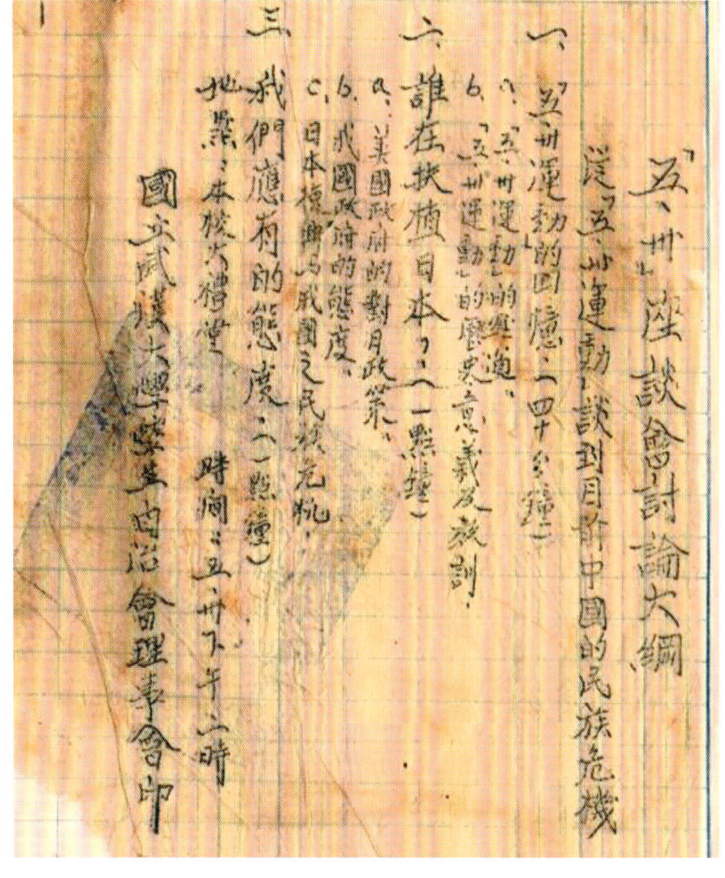

「五卅」座談會討論大綱

從「五卅」運動談到目前中國的民族危機

一、「五卅」運動的回憶：（四十分鐘）

a、「五卅運動」的經過、

b、「五卅運動」的歷史意義及教訓

二、誰在扶植日本？：（一點鐘）

a、美國政府的對日政策、

b、我國政府的態度、

c、日本復興與我國之民族危機、

三、我們應有的態度：（一點鐘）

地點：本校大禮堂　時間：五、卅下午一時

國立武漢大學學生自治會理事會印

①1947年5月30日为纪念“五卅运动”学生自治会举行追思活动

②1948年在学生中传播的进步刊物《学生通讯》

③1949年晓帆剧社编印的宣传材料《火种》

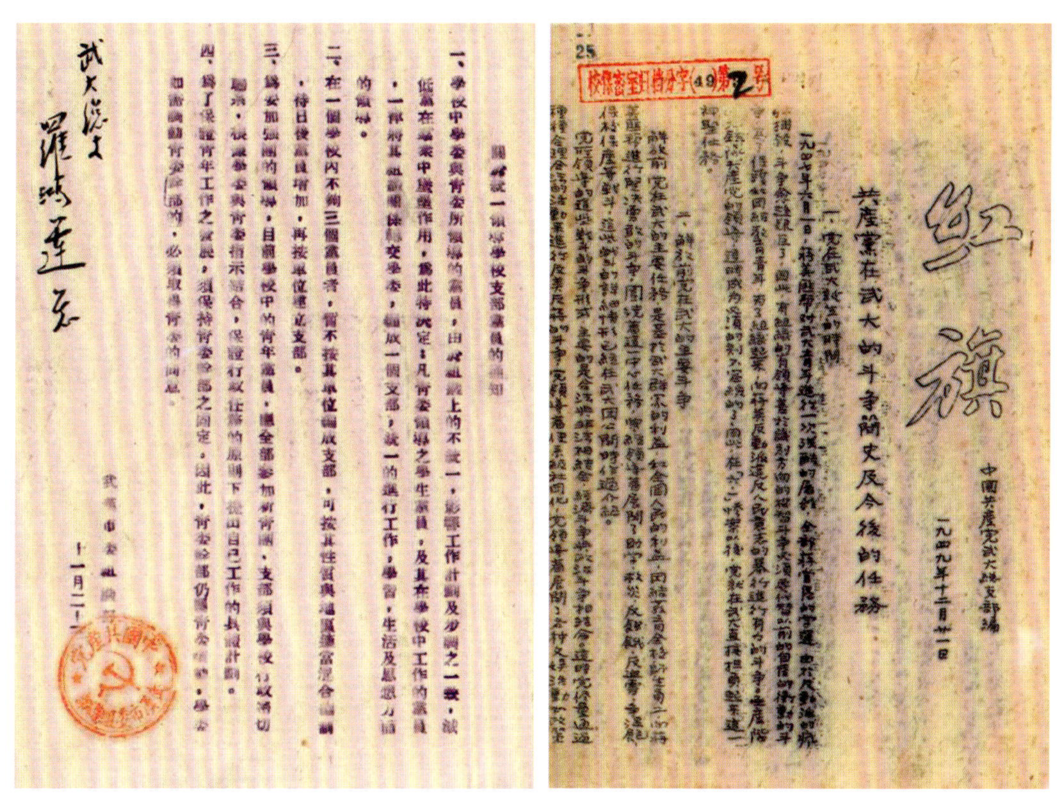

①|②

①1949年11月武汉市委组织部发布通知，统一领导学校支部党员

②武大党总支的宣传材料《红旗》谈党在武大的斗争史

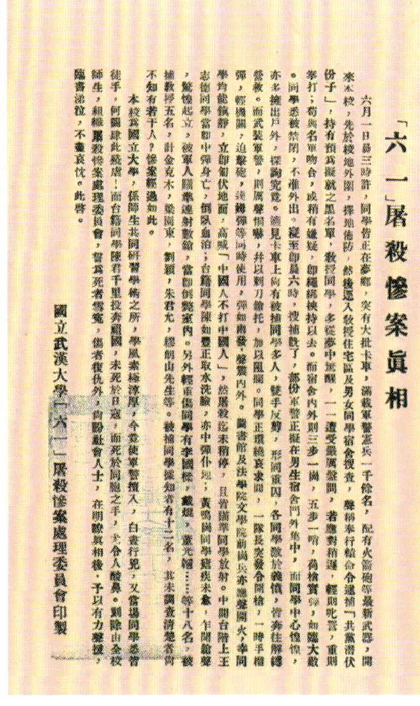

「六一」屠殺慘案眞相

六月一日晨三時許，同學皆正在夢鄉，突有大批卡車，滿載軍警憲兵一千餘名，配有火箭砲等最新武器，闖來本校，先於校地外圍，擇地佈防，然後逕入教授住宅區及男女同學宿舍搜查，聲稱奉行轅命令逮捕「共黨潛伏份子」，持有預為擬就之黑名單，教授同學，多從夢中驚醒，一一遭受嚴厲盤問，若應對稍遲，輕則叱罵，重則拳打；苟與名單吻合，或稍有嫌疑，即繩綁挾持以去。而宿舍內外則三步一崗，五步一哨，荷槍實彈，如臨大敵。同學悉被禁閉，不准外出。迨至即晨六時，搜捕既了，部份軍警正擬在男生宿舍門外集中，而同學中心惶懼，亦多擁出戶外，探詢究竟。適見卡車上尚有被捕同學多人，雙手反剪，形同重囚，各同學激於義憤，皆奔往解縛營救。而武裝軍警，則厲聲恫嚇，并以刺刀槍托，加以阻攔。同學正環繞哀求間，一隊長突發令開槍，一時手榴彈，輕機關，迫擊砲，達姆彈等同時使用，彈如雨發，聲震內外。圖書館及法學院文學院前崗兵亦聽聲開火，幸同學均能鎮靜，立即匍伏地面，高喊「中國人不打中國人」，然屠殺迄未稍停，且曾瞄準同學放射。中間台階上王志德同學當即中彈身亡，倒臥血泊；台籍同學陳如豐正取水洗臉，亦中彈仆地；黃鳴崗同學猶疾未愈，午睡驚聲，驚惶起立，被軍人瞄準連射數槍，當即倒斃室內。另外輕重傷同學有李國樑，戴焜，董光韜……等十八名，被捕教授五名，計金克木，梁園東，劉穎，朱君允，繆朗山先生等。被捕同學據知者有十二名，其未調查清楚者尚不知有若干人？慘案經過如此。

本校為國立大學，係師生共同研習學術之所，學風素極淳厚，今竟使軍警闖入，白晝行兇，又當場同學悉皆徒手，何遽肆此殘虐！而台籍同學陳君千里投奔祖國，未死於日寇，而死於同胞之手，尤令人酸鼻。刻除由全校師生，組織屠殺慘案處理委員會，誓為死者雪冤，傷者復仇外，尚盼社會人士，在明瞭真相後，予以有力聲援，臨書涕泣，不盡哀忱。此啓。

國立武漢大學「六一」屠殺慘案處理委員會印製

附「六一」死傷及被捕名單：

槍殺：學生黃鳴崗 王志德 陳如豐

重傷：學生戴 焜 周佩瑜 齋務員 毛明章

輕傷：學生王元吉 董光韜 李國樑 龍臥流
廖上光 王金鑑 王勝泉 蔡伯銘 張世昌 王步祥 吳錫文
胡 厚 廖德雲 張孝烈 陳業瑛 黃以華

被捕：教授劉 穎 朱君允 梁園東 繆朗山 金克木 助教劉椿銘
學生彭澤周 郭書盛 章士琦 路 齊 徐奕昌 鮑汝麟 鍾德銑
胡華棟 金師鎮 曾憲玉 譚志元 技工袁洪才 學徒林原柏
徐成名

①1947年6月1日，屠杀惨案发生后学校及时公布事情真相。

②“六一惨案”中黄鸣岗、王志德、陈如丰三位同学遇难。

③黄鸣岗　湖北枝江人，时年20岁。1946年进入武汉大学历史系学习，1947年6月1日被枪杀。

④王志德　江苏武进人，时年19岁。1946年进入武汉大学土木工程系学习，1947年6月1日被枪杀。

⑤陈如丰　台湾台南人，时年22岁。1946年进入武汉大学政治系学习，1947年6月1日被枪杀。

惨案中被捕的五名教授

①金克木（1912—2000） 安徽寿县人。中国著名文学家，翻译家，梵学研究、印度文化研究家。1946年任武汉大学哲学系教授，1948年后任北京大学东语系教授。

②梁园东（1901—1968） 山西忻县人。著名历史学家、教授。1945年任武汉大学教授。1950年8月任山西大学历史系教授。

③朱君允（1896—1966） 女，湖南常德人。我国较早接受现代高等教育并远赴海外留学的女性之一。1942年进入武汉大学任教，是武汉大学文学院著名的五女教授之一。

④刘 颖（1913—1984） 山东禹城人。1945年任武汉大学教授、机械工程系主任。院系调整后任华中工学院教授、副院长。

⑤缪朗山（1910—1978） 广东中山人。著名的西方文学及西方文艺理论研究学者。1944年任武汉大学外文系教授，后任香港大学、北京大学、中国人民大学教授。

國立武漢大學教授會為武大六一慘案宣言

最近各地學潮澎湃，動盪不安，同人等鑒於時局險惡，曾諄諄勸告學生遇事持重，孰料橫禍飛來，竟發生這令人難以置信的六一流血慘案。同人等悲憤滿腔，不能不向我國人作這血和淚的申訴。

事情的經過是這樣：本校師生近正安靜上課，突於五月卅一日深夜三時左右，有武裝軍警一千餘人之衆，馳來珞珈山，包圍全校，斷絕交通，如臨大敵，並即開始挨戶搜捕。當被捕去教授五人，學生數十人，皆用大卡車裝載而去。所捕師生，概係用繩索捆綁。迨天已破曉，其餘學生乃紛紛出舍觀看，見有卡車一輛，停留舍外，尚在裝人繼續被捕同學，因圖加以營救，不料武裝軍警竟於此時對此等手無寸鐵的學生羣衆，開槍射擊，同時並擲手溜彈三枚，且聞有機關槍聲數百響。當時學生密集，逃避無路，事後檢查，計當時被擊斃者三人，重傷三人，輕傷二十餘人。至於失踪學生之人數，一時尚無法查明。

查此次血案發生之日，學生既未罷課，又無其他不軌行為；慘案的開端是在夜間，流血的地點是在學生宿舍。死者三人中有一人尚在寢室之內，僅憑窗向外眺望，即被瞄準射擊斃命。同人愚昧，實不了解我們這些安居學校埋頭研究的教授和學生，究竟犯了什麼彌天大罪，必須大批軍隊作深夜武裝圍捕的緊急措置，更不明白這些本不在被捕之列的學生們，赤手空拳，為什麼竟應當遭受這樣非法殘酷的屠殺？即使他們有觸怒軍警之處，亦何至必須用手溜彈機關槍等武器，加以毒害？而且根據醫生對死者的傷口檢查，所使用的槍彈竟還是國際戰爭上被禁用的「達姆彈」！人民生命的保障何在？國家法紀的尊嚴何在？人類的道德文明又何在？同人等目覩此種慘痛情形，實已欲哭無淚，爰一致決議自即日起，全體暫行罷教一週，以示抗議與悲悼，並向政府提出下列幾項最低的要求：

一、嚴懲肇禍兇手，並追究責任。

二、立即釋放被捕之教授與學生，如確有犯罪嫌疑，應即速解送法院，依法審判。

三、優卹已死學生之家屬，並賠償受傷學生一切物質與精神上之損失。

四、保證以後不再派遣軍警或特務份子任意侵入學校，非法逮捕。

國立武漢大學教授會　六月一日

1947年6月1日，武汉大学教授会发表“六一惨案”宣言。

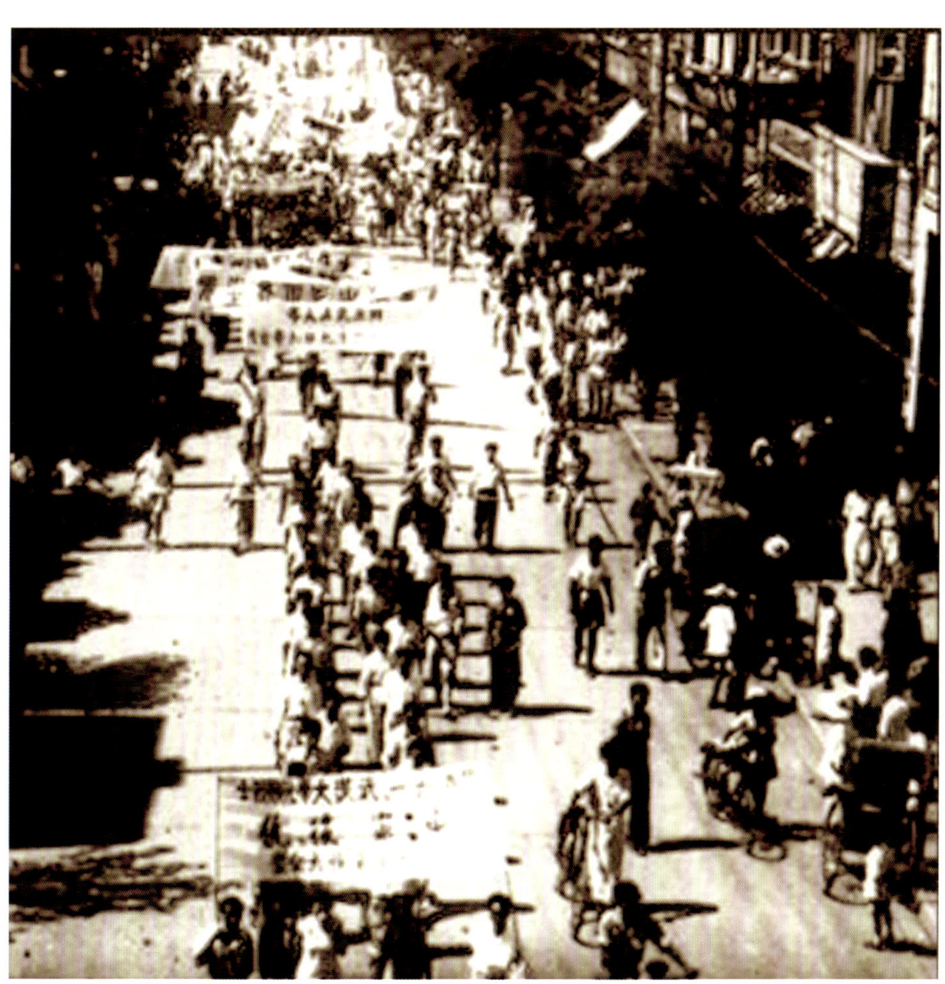

1947年6月，武汉大学师生列队上街游行悼念三位死难同胞。

憤怒的火燄燃燒在全中國！

——支援與同情——

血洗清
　眼睛
血照亮
　大路
血教訓
　未死
血灌溉
　方生

只有一條路

——向「六一」三烈士致哀

清華週刊

陳如豐、黃鳴崗、王志德，我們親愛的伙伴：爲了反內戰，反飢餓，在六月一日那天，你們英勇的蝸蟲的倒下了，光榮的，壯烈的倒下了，還血海深仇的日子，我們將永遠記得。

由於新聞的被封鎖，在你們殉難後的七八天，我們才知道你們被害的詳情，當我們讀完你們的師

• 46 •

祭

華北學聯

死者，我們知道你們是不能瞑目的，睜着眼睛去吧！你們純潔的靈魂，上升到國父的靈前，用血淚向他控訴；控訴他的叛逆。你們到一切受迫害的人羣裏去吧！告訴他們，他們的子孫和兄妹正在受更大的迫害。你們這些寃魂啊！在地下哀號吧！替暴虐者敲喪鐘；等人民唱讚歌……等着吧，等到人民的勝利，我們用暴虐者的顱漿鮮血來祭奠你們，你們再含笑的蓋上眼皮。

申援·慰問·

——電文一束——

北平華北學聯：

「六一」貴校被軍警包圍，華北同學適於六二反內戰大會中得悉，羣情憤慨，茲決定罷課三天並向政府提出嚴重抗議。特此電達。

北大反飢餓反內戰委員會：

• 51 •

①②

①1947年6月，《清华周刊》发文向武汉大学三位烈士致哀。

②华北学联发电向武汉大学三位烈士致哀。

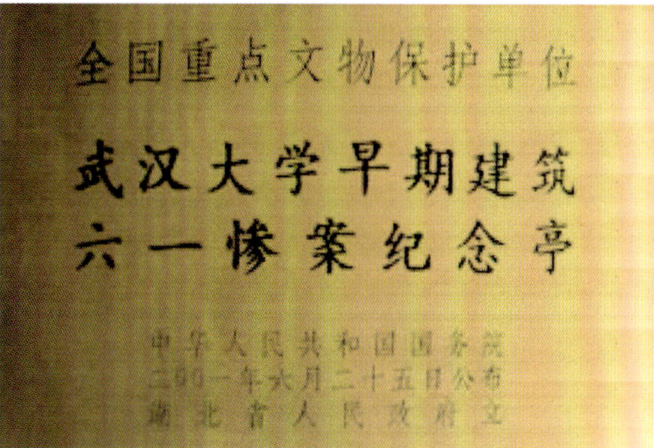

①②1947年6月22日，学校在宋卿体育馆为三位烈士举行追悼会。

③1948年为纪念三位烈士修建的“六一”纪念亭

④2001年，“六一”遗址被确定为全国重点文物保护单位。

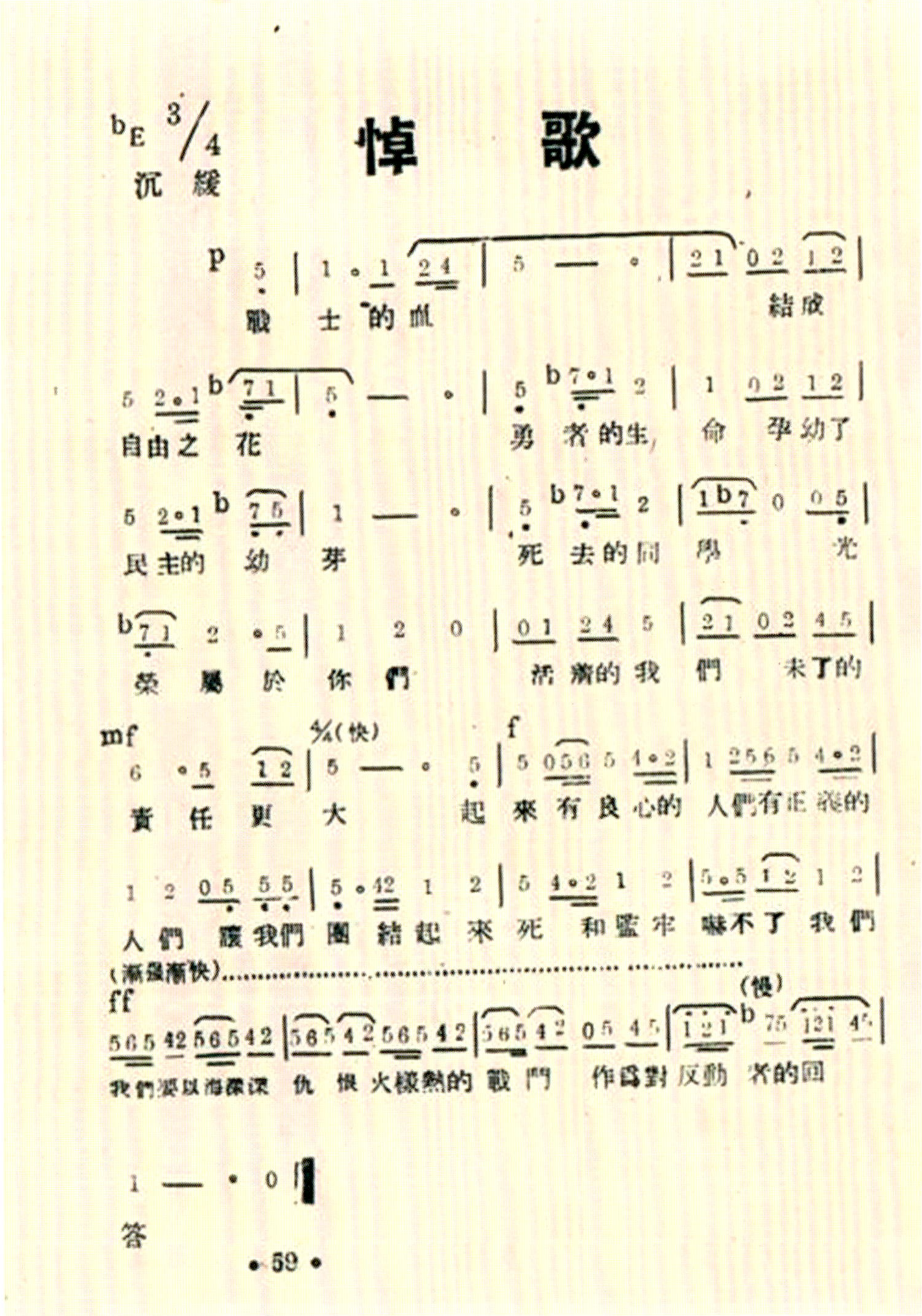

bE 3/4
沉緩

悼歌

p
戰士的血 結成
自由之花 勇者的生命 孕幼了
民主的幼芽 死去的同學 光
榮屬於你們 活着的我們 未了的
mf 4/4（快） f
責任更大 起來有良心的人們有正義的
人們 讓我們團結起來 死和監牢 嚇不了我們
（漸强漸快）
ff （慢）
我們要以海樣深仇 恨火樣熱的戰鬥 作爲對反動者的回
答

•59•

为纪念三位烈士而创作的《悼歌》

后 记

武汉大学被誉为最美丽的大学之一，它的美去哪里寻找？武汉大学是中国历史最悠久的大学之一，它的悠久从哪体现？武汉大学学科门类最为齐全，它的齐全源于何处？带着这些疑问，我们编写了这本小书，试着诠释这些内涵。

本书按历史顺序，以图片配文字的形式，分四个大的时段，全面展现了学校早期发展的方方面面。从中既可以看到学校的风物之美，也可以感受到自强兴学的艰辛；从中既可以知晓当时的方家云集，更能体会到学者的科学精神；从中既可以了解莘莘学子的活力，更能窥探出他们潜心求学的毅力。

本书的出版得到了学校领导的大力支持和悉心指导。感谢党委副书记楚龙强同志亲自审定提纲并指导内容编写。感谢党委宣传部张岱、谌启航、苏明华、李琳等，对书的体例、文字及内容进行了修改。感谢原档案馆徐正榜、原离退休工作处徐应荣，对编写细节提出了许多宝贵意见。

感谢档案馆席彩云、王美英、罗伟昌、刘秋华、李虹、秦然、吴骁、徐莉、刘春弟、钟巍、左黎明、李娜、刘琳、雷虹、袁丽玲、肖文瑶、冯林、王英、肖晶心等，在史料查找过程中提供了诸多帮助。

感谢武汉大学出版社做出的大量工作，让本书得以及时面世。

特别要指出的是本书的第三部分参考了 2008 年出版的《烽火西迁路——武汉大学西迁乐山七十周年纪念图集》一书的部分内容，这里对当时的作者骆郁廷、胡勇华、陈协强、罗永宽、胡丽清、杨光、吴骁表示感谢！

编者

2024 年 11 月